Kleine Schriften zur Aufklärung

HERAUSGEGEBEN VON DER LESSING-AKADEMIE
WOLFENBÜTTEL

12

KARL S. GUTHKE

Lessings Horizonte

Grenzen und Grenzenlosigkeit der Toleranz

LESSING-AKADEMIE · WOLFENBÜTTEL
WALLSTEIN VERLAG · GÖTTINGEN

REDAKTION: HELMUT BERTHOLD • LESSING-AKADEMIE

Bibliografische Information Der Deutschen Bibliothek

Die Deutsche Bibliothek verzeichnet diese Publikation in der Deutschen Nationalbibliografie; detaillierte bibliografische Daten sind im Internet über http://dnb.ddb.de abrufbar.

www.wallstein-verlag.de
Vom Verlag gesetzt aus der Times Antiqua
Druck: Hubert & Co, Göttingen

ISBN 3-89244-641-5

Inhalt

Schreibt man denn nur darum,
um immer Recht zu haben?
Lessing an Chr. A. Klotz, 9. Juni 1766

Wenn ich Ihnen in dem geringsten Dinge [...] Recht lasse,
wo Sie nicht Recht haben: dann kann ich die Feder nicht mehr rühren.
Lessing an Joh. M. Goeze, in ›Eine Parabel‹ (1778)

Vorwort

Dieser Essay liegt einem Vortrag zugrunde, der am 20. April 2002 im Wolfenbütteler Rathaussaal gehalten wurde im Rahmen einer Veranstaltung der Lessing-Akademie aus Anlaß des 65. Geburtstages ihres Präsidenten Jürgen Stenzel. Das Generalthema des Programms – Lessing und die Toleranz –, das die Interessen Lessings, der nach ihm benannten Akademie und deren Präsidenten aufs glücklichste vereint, gab mir die Gelegenheit, langgehegte Gedanken, die in der Gegenwart erneut aktuell geworden sind, mit jenem eher leichten Touch zu skizzieren, der in den angelsächsischen Ländern als *sigillum veri* des Seriösen gilt.

Harvard University, im Sommer 2002 K.S.G.

Gotthold Ephraim Lessing. Portrait von Anton Graff, 1771.

1. Toleranz aus dem Geist der Ungewißheit

Braunschweig, 15. Februar 1781: Lessing liegt im Sterben, geistig quicklebendig wie nur je. An seinem Bett sitzt der Gesprächspartner aus der letzten Zeit, Alexander Daveson – ein Opfer (schreibt Lessing kurz zuvor an Mendelssohn) der Verfolgung und »Verhetzung« durch unduldsame Christen und Juden gleichermaßen, ein »Emigrant«, der jetzt ein Land suche, »wo es weder Christen noch Juden giebt« und wohin Lessing der erste sein will, »der ihm folgt«.[1] »Als Daveson«, so berichtet Elise Reimarus, Lessing »einige Minuten vor seinem Tode aus dem Schlözerschen Briefwechsel die das Jülichsche Toleranzwesen betreffende Stelle vorlas [gemeint ist das *In*toleranzwesen der Jülich-Bergschen Kirchensynode], da hat er noch einige sehr scharfsinnige Bemerkungen darüber gemacht.«[2] Die Bemerkungen über Toleranz und Intoleranz sind verschollen. (Sie zu hören, würden manche beide Ohren geben). Doch man versteht auch so: hier sprach Lessing der Lebenskünstler als Sterbenskünstler – sterbend, wie er gelebt hatte.

Denn das Thema Toleranz war Lessing schon an der Wiege gesungen worden, oder doch gepredigt. Sein Großvater Theophilus Lessing hatte 1669 eine Schrift *De religionum tolerantia* drucken lassen;[3] sein Vater, Johann Gottfried, 1717 eine Wittenberger Dissertation zur Verteidigung der Lutherischen Reformation gegen die »Vorurteile« ihrer neueren Kritiker veröffentlicht – ein Werk, das zwar, soweit es von Toleranz handelt, eher über Tugenden spricht, die es nicht hat.[4] So hätte Gotthold Ephraim vielleicht gesagt. Schon in seinem ersten intellektuellen Lebenszeugnis, elf, zwölf Jahre, nachdem er die pfarrhäusliche Wiege dem Nachfolger geräumt hatte, schrieb er, in der Prüfungsarbeit zur Aufnahme in die Fürstenschule in Meißen: Juden seien nicht zu verdammen, auch Mohammedaner nicht, denn »etiam inter Mahomedanos probi homines sunt.«[5] Multikulturelle Toleranz im zarten Alter schon und in der Tiefe der Provinz: das hört man gern – leider apokryph; doch *ben trovato*. Denn so etwas erfindet man natürlich nicht über irgend jemand. Man erfindet so etwas über den Verfasser des Toleranzdramas *Nathan der Weise* – ein Werk, von dem selbst die wissen, die meinen, Lessing sei eine Frau und in Südafrika beheimatet. Man erfindet so etwas über den Jugendlichen, der die Wittenberger Theologen über einen Kollegen in Christo sagen läßt:

> Er hat den Pabst gelobt. Und wir, zu Luthers Ehr,
> Wir sollten ihn nicht schelten?
> Den Pabst, den Pabst gelobt? Wanns noch der Teufel wär,
> So ließen wir es gelten. (XVII, 29; vgl. I, 43)

Manchmal schwer zu tolerieren vielleicht, dieser Toleranzheld Lessing. Kein Zweifel aber, daß er in fast allen seinen theologischen und vielen seiner kritischen und literarischen Werke sich von früh an zum Anwalt der Toleranz macht, und zwar zu einem der subtilsten und zugleich entschiedensten in der europäischen Toleranzdebatte der Zeit.

Trotzdem aber ist derselbe Lessing, der Toleranzheld der Schule und des schlechten Gewissens, auf Grund derselben Schriften der Intoleranz beschuldigt worden: Protestanten sahen seine Bibelkritik als Intoleranz gegenüber den verbalinspirierten Gründungsdokumenten ihres Glaubens; Juden, vor allem Zionisten, witterten humanistische Intoleranz gegenüber der religiösen Substanz des Judaismus.[6] Kein Wunder, daß Lessing mit Daveson vor *beiden* flüchten will. Hohe Zeit zu fragen also: was versteht man denn eigentlich unter Toleranz in Lessings Zeit? Auskunft gibt das Nachschlagewerk des allgemeinen Vertrauens, Zedlers *Universal-Lexicon*, 1745:

> Wir verstehen aber allhier durch die Tolerantz nichts anders, als daß man äusserlich im gemeinen Leben friedlich mit einander umzugehen suchet, einander die Pflichten des Rechts der Natur nicht versaget, und auf den Cantzeln und in denen Schrifften die vorgegebene irrige Meynung mit aller Sanfftmuth widerleget, und also einander mit Vernunfft und Bescheidenheit eines bessern zu belehren bemühet ist. [...]
>
> Der Grund der Tolerantz, so man den Irr-Gläubigen angedeyhen lässet, muß in der allgemeinen Liebe und Erbarmung liegen, und der Zweck derselben bloß dieser seyn, daß sie den irrenden Nächsten von dem Irrthum seines Weges nach und nach unter dem Seegen GOttes zu überzeugen suchet, wozu sie theils alle Evangelische Mittel, doch ohne Zwang anwendet, theils die Hindernisse aus dem Wege räumet, und der Wahrheit Platz machet. (XLIV, 1116)

Wer solche Freunde hat, braucht keine Feinde. Heute würden wir wohl sagen: das ist keine Definition der Toleranz, sondern der Intoleranz. Hier ist von vornherein und unerschütterlich klar, was Wahrheit ist und was Irrtum, und Duldung des Falschen läuft lediglich hinaus auf den Verzicht auf nackte Gewaltanwendung, zugunsten der Überredung im Wege einer inneren Mission. Das »einander eines bessern belehren« ist ja keineswegs wechselseitig gedacht. Denn sonst müßte sich doch der herrschende christliche Glaube selbst in Frage stellen, sich anzweifeln, relativieren und so einer uneingestanden zugrundeliegenden Ungewißheit innewerden und dem »anderen« die Möglichkeit jedenfalls partieller Wahrheit zugestehen. Doch von solcher Verunsicherung der eigenen Überzeugung kann hier, in diesem Standardwerk, natürlich nicht die Rede sein: Irrtum bleibt Irrtum, und zwar der der anderen (selbst wenn auf den missionarischen Appell verzichtet werden sollte, wie in Bayles *Dictionnaire*, das die Toleranz zuerst auch auf das irrende Gewissen ausdehnte, selbst auf das des Atheisten).[7] Nicht überraschend also, daß der Neoliberalismus in der angelsächsischen Moralphilosophie (John Rawls, Ronald Dworkin u.a.) heute die Toleranz im Sinne von »Duldung« (statt Anerkennung) ablehnt: er befürwortet stattdessen die radikale staatliche Neutralität und gleiche Rechte für *alle* weltanschaulichen Gruppen und lebenspraktischen Entwürfe; die überlebte Toleranz des achtzehnten Jahrhunderts ist seiner Ansicht nach im Grunde eine Form der Diskriminierung, noch dazu eine paternalistisch-herablassende, die glaubt, das bessere Wissen um die Wahrheit ein für allemal gepachtet zu haben, und beim anderen nichts Vergleichbares anzuerkennen bereit ist.[8] Ähnliches meinte Goethe mit der Bemerkung »dulden heißt beleidigen«, sofern dulden nämlich nicht zur »Anerkennung« des anderen Glaubens als eines möglichen Weges zur Wahrheit führe.[9]

Es fragt sich aber: trifft solche Kritik auch Lessing als den Hauptvertreter der Toleranzforderung in der deutschen Aufklärung?[10] Lessings Toleranzdenken, wie seine Theologie überhaupt, in deren Kontext es sich entwickelt, ist seit eh und je Gegenstand heftiger Kontroversen, und schon Lessing selbst hat sich diebisch darüber gefreut, daß er weder von den »Theologen« noch von den »Freygeistern« auf eine »Meynung« festzulegen sei, »weil ich keines von beyden [bin]« – ohne zu sagen, *was* er denn sei (nachdem er sich längst über *beide* lustig gemacht hat).[11] Konkret: was ist bei Lessing als bare Münze zu nehmen und was als bloße Taktik, Winkelzug oder Spiegelfechterei? Was ist bloße Lust am Widerspruch und Streit (wodurch er gelegentlich orthodoxer wirkt, oder freidenkerischer, als er vermutlich »ist«)? Was gilt exoterisch und was esoterisch (XVIII, 266)? Beruht Toleranz auf einer »erkannten« oder auf einer »gefühlten« Wahrheit (XV, 358; XIII, 132): ist Toleranz mit andern Worten ein Gebot der Ratio oder eine Sache der Erleuchtung im Sinn eines mystischen Spiritualismus? Läuft Toleranz auf die sittliche Autonomie des Menschen hinaus, oder gründet sie in metaphysischer, transzendenter, offenbarter Wahrheit? Fragen über Fragen, und nicht eben neue. Der Trend begünstigt heute die Deutung, daß Lessings »religiöse Toleranz in ihrer aufklärerischen Intention in einen Bereich jenseits aller Religion zielt«, also in die Immanenz eines säkularen Humanismus oder einer moralischen Autonomie, in der das ethische Handeln als »ultimate concern« (Tillich) validiert wird. Herkömmliche Religion hätte also nur die instrumentelle Funktion, sich überflüssig zu machen, indem sie einer Sittlichkeit zur Selbständigkeit verhilft, die sich hinfort nicht mehr religiös begründet (»das Gute thun [...], weil es das Gute ist« [X III, 433]). Das wäre letztlich Toleranz aus Gleichgültigkeit gegenüber dem Religiösen; so kann man selbst die Ringparabel lesen. Daneben jedoch behaupten sich theologiekompatible Gegenstimmen noch in der unmittelbaren Gegenwart.[12] Die Widersprüche bleiben: das sieht ein Blinder und ein Germanist.

Wo die Theologen streiten, hat der Germanist natürlich sein Recht verloren und seine Mündigkeit. Aber ein Blinder findet auch ein Korn, und selbst ein Germanist. Es fällt ihm nämlich auf, daß Lessing, gelesen mit der Kinder- und Narrenfreiheit des theologisch Unmündigen, über Toleranz spricht nicht mit der Selbstgewißheit des Zedlerschen Lexikons (wahr ist nur meine Religion, nicht die geduldete), sondern mit der sympathischen Ungewißheit dessen, der nicht nur des Kaisers neue Kleider anzweifelt, sondern auch die eigenen. Mit andern Worten: Lessing relativiert auch sich selbst als Erkennenden und Wissenden. Er, der jede Position verunsichert, weiß sich seinerseits nicht gegen den Irrtum versichert. Er macht sich gern »allerley Hypothesen und Systeme [...], um das Vergnügen zu haben, sie wieder einzureissen« (XVIII, 269). Er toleriert sich sozusagen selbst – trotz allem, was gegen ihn spricht. Dies aber ohne Zynismus, der lähmend wäre und destruktiv, nihilistisch. Wohl mag er gerade im weiteren Zusammenhang der Toleranzdebatte *à propos* »Erziehung des Menschengeschlechts« mit philosophischer Frivolität über seine »Hypothesen und Systeme« sagen: »Was thuts? Jeder sage, was ihm Wahrheit *dünkt*, und die *Wahrheit selbst* sey Gott empfohlen!« (XVIII, 269). Doch in solchem Achselzucken, in solcher nonchalanten Bekundung der eigenen Ungewißheit, schwingt, bei aller Beherztheit im Anzweifeln fremder Positionen und bei allem Vertrauen auf die eigene innere Gewißheit (ob nun rational oder spirituell), immer noch mit der Appell »Hilf meinem Unglauben«.

In der späten Schrift *Über den Beweis des Geistes und der Kraft* hat er, der sonst so vom *Wert* des Zweifels überzeugt ist, diesen Appell mit ungewohnter Direktheit ins Wort gefaßt: »zufällige Geschichtswahrheiten«, schreibt er da (wie etwa alles, was die Bibel berichtet), können niemals zur Gewißheit führen, nämlich »nothwendige Vernunftswahrheiten« beweisen (also etwa die Existenz Gottes oder die Unsterblichkeit der Seele). Das sei eben der »Graben, über den ich nicht kommen kann, so oft und so ernstlich ich auch den Sprung versucht habe«: den Sprung in die Gewißheit. Das wird oft zitiert, nicht aber, was folgt: »Kann mir jemand hinüber helfen, der thu es; ich bitte ihn, ich beschwöre ihn. Er verdienet einen Gotteslohn an mir« (XIII, 5, 7). Hier vernehmen wir, wie selten bei dem so mannhaft beherrschten Lessing, seinen existentiellen Grundbaß: nicht den eines deutschen Voltaire, sondern den eines deutschen Pascal: *in extremis, de profundo*, ganz ungeniert bangend um den Seelenfrieden. Diesem Lessing »Gewißheit« über die Wahrheit zuzuschreiben, nämlich auf Grund der Einsicht in das sich wechselseitig bestätigende Zusammenwirken von Vernunft und Offenbarung, die für sich genommen nicht zu überzeugen vermögen,[13] das muß eine eher mit Distanz bewunderte theologische Logelei bleiben angesichts seiner wiederholten Bekundung des Gegenteils – eine Logelei, wenn auch nur in den Augen des nicht *ganz* blinden Germanisten. Lessing bestätigt vielmehr die historische Beobachtung, daß Zeiten zunehmender Bereitschaft zur Toleranz (Toleranz im Sinne der Anerkennung des möglichen Wahrheitsgehalts der »geduldeten« anderen Religionen) Zeiten sind, in denen die Wahrheitsgewißheit abnimmt.[14] In mancherlei Hinsicht dürfte die Aufklärung eine solche Zeit gewesen sein, wenn auch gerade ihre Theologie der Vernunft, die Neologie, das weiß Lessing genau, ihrer Wahrheit allzu gewiß war und daher »intolerant« in einem Maße, das ihm selbst die lutherische Orthodoxie als vergleichsweise »tolerant« erscheinen ließ (XVIII, 226). Lessing jedenfalls erfährt die Wahrheitsungewißheit schon als junger Mensch, und noch kurz vor seinem Tode schlägt er sich damit herum, keineswegs immer im Ton der gelassenen Ergebenheit in Gott.

»Nur der Irrthum ist unser Theil«, heißt es bereits in dem philosophischen Gedicht des Jugendlichen, das »Die Religion« betitelt ist (I, 256). Die »Rettung des Hier. Cardanus« aus den mittleren fünfziger Jahren legt nahe, daß andere Weltreligionen das Christentum des Irrtums überführen könnten. Und noch in der *Duplik*, aus der Spätzeit, regt sich dieser Verdacht (ausgerechnet an der wohl am häufigsten zitierten Lessing-Stelle und trotzdem regelmäßig nicht zur Kenntnis genommen), der Verdacht nämlich: wenn man, wie Lessing, statt der Wahrheit den »immer regen Trieb nach Wahrheit« wähle, also das permanente Streben nach Wahrheit (was könnte Lessingscher sein!), dann nähme man auch gern in Kauf, daß man sich bei diesem Wahrheitsstreben »irren« könne, und zwar »immer und ewig« (XIII, 24). Das ist ziemlich lange, und es stößt uns auf die Frage: was heißt hier und an ähnlichen theologischen Stellen eigentlich »irren«? Es heißt nicht vorübergehend auf der falschen Fährte sein, so daß der Irrtum letzlich doch konstruktiv wäre, nämlich zur Wahrheit führe. In den rational verifizierbaren, nicht-spekulativen Wissenschaften mag das der Fall sein, in der Altertumswissenschaft etwa. Über den *Laokoon* heißt es in diesem Sinne: »Schreibt man denn nur darum, um immer Recht zu haben? Ich meine, mich um die Wahrheit eben so verdient gemacht zu haben, wenn ich sie verfehle, mein Fehler aber die Ursache ist, daß sie ein anderer entdecket, als wenn ich sie selber entdecke« (XVII, 223). Hier sind Irrtum und Wahrheit erkennbare Größen, und sie schließen einander aus. In der Theologie, oder doch in Lessings Theologie, sind sie es nicht. Hier herrscht Ungewißheit über beide; Irrtum und Wahrheit können ineinander verschwimmen, können miteinander verwechselt werden; »Recht haben« wird uneindeutiger. Klar zu sehen vermag da allenfalls der Herr der Ewigkeit, Gott selbst. *Wir* mögen zwar glauben, daß auch unsere Irrtümer von Gott »vorgesehen« seien, wissen aber nicht verläßlich, was denn ein Irrtum sei und was nicht. Wir erkennen die Wahrheit bestenfalls am Ende der Zeit, falls es das geben sollte, oder »über tausend tausend Jahre«.[15] Und auf dieser, dem Menschen konstitutiven Ungewißheit (gesteigert immer wieder, von der »Rettung des Cardanus« bis zum *Nathan* und zur *Erziehung des Menschengeschlechts*, durch den Ausblick über die christlichen Konfessionen hinaus auf andere Weltreligionen, die mit dem gleichen Absolutheitsanspruch auftreten wie das Christentum) – auf dieser Ungewißheit, auf dieser Unwißbarkeit der Wahrheit, beruht Lessings Toleranz oder, um das herablassende Wort zu vermeiden, Lessings Aufgeschlossenheit.[16] Diese Aufgeschlossenheit kann sich ihrerseits nie festlegen. Daher kann Lessing, herausgefordert, nie klipp und klar angeben, »was für eine Religion er selbst als die wahre erkenne und annehme«.[17] Gewiß, er beruft sich auf die ungeschriebene *regula fidei* des frühen, vorbiblischen Christentums als sein »Glaubensbekenntnis«, aber er gibt nie an, worin dieser Glaube denn bestehe (XIII, 331-336), ebenso wie er das »innere Gefühl« der Wahrheit, das ihm vollauf genügt, niemals inhaltlich bestimmt (XIII, 99, 134): eine »innere Wahrheit« beteuert Lessing zu »fühlen« oder auch (im selben Atemzug) »einzusehen«, aber er deutet nicht einmal an, was sie ist (XIII, 132).

Diese Ungewißheit mag ihn beunruhigen – so wenn er dem einen »Gotteslohn« verspricht, der ihm zum Sprung über den »breiten Graben« zwischen empirischen Tatsachen und metaphysischen Wahrheiten verhelfe, zur Gewißheit also. Ein anderes Mal mag die Ungewißheit ihn beruhigen – so wenn er seine letzte theologische Schrift, die beginnt mit »Gott hätte seine Hand bey allem im Spiele: nur bey unsern Irrthümern nicht?«, gipfeln läßt in der rhetorischen Frage: »Was habe ich denn zu versäumen? Ist nicht die ganze Ewigkeit mein?« (XIII, 415, 436). Beunruhigung, Beruhigung – aber am kongenialsten ist Lessing die *Lust* am permanenten Zweifel. Lessing widerstrebt das Ins-Wort-Fassen seiner eigenen Position eben

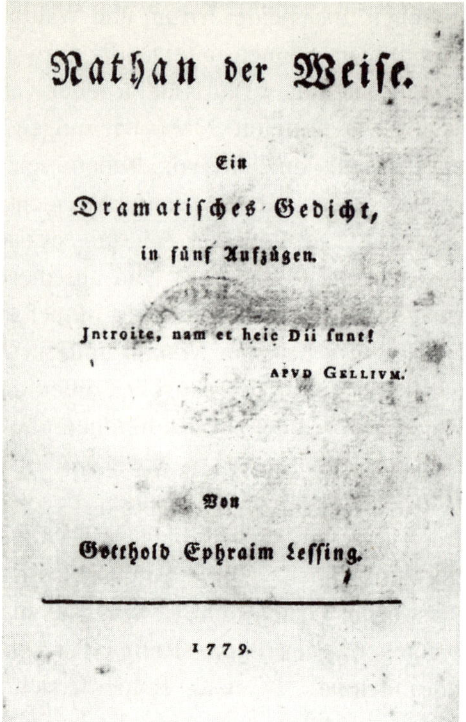

*Titelblatt der ersten Ausgabe. Das Heraklit zugeschriebene Zitat stammt aus der Sammlung ›Noctes Atticae‹ des römischen Schriftstellers Aulus Gellius (*130 n. Chr.): „Tretet ein, denn auch hier sind Götter!“*

deswegen, weil solches Fixieren des »Gültigen« zur eigenen Intoleranz verführte, »Vorurteile und Einseitigkeit verfestig[te]«: das Nicht-Festlegen hingegen vermag »den unabhängigen Untersuchungs- und Entdeckungswillen [...] anzuregen«. Doch wie? Indem es im Grunde »alle Lehrsysteme in Zweifel [zieht]«.[18] Mag sein, daß man, wie Nathan sagt, den *eignen* »Glauben« »am wenigsten in Zweifel zieht« (III, 93). Aber Lessing zieht ihn doch in Zweifel, schon als Zwanzigjähriger, wenn er seinen Vater rhetorisch fragt, ob nicht der »ein beßrer Xst« sei (ein besserer als der auf Treu und Glauben fromme), der »einmal klüglich gezweiffelt« habe und auf diesem Wege »zur Überzeugung« gelangt sei »oder sich wenigstens noch darzu zu gelangen bestrebet« (XVII, 18). Auf theologischer Seite würde man da zwar sagen, solcher Zweifel sei nur »das notwendige Korrelat des Glaubens«:[19] es sei eben jener Zweifel des Christen, der nicht an die Wurzeln der Glaubensgewißheit geht. Das mag beim frühen Lessing der Fall sein. Aber radikaler, also nicht mehr als Indiz des Glaubens zu werten, ist der Zweifel des späteren Lessing, wenn er etwa an seinen Bruder schreibt, nicht nur, daß er mit dem *Nathan* »den Theologen einen [...] Possen [...] spielen« wolle, sondern auch: »Genug, wenn [...] unter tausend Lesern [christlichen Lesern offenbar] nur Einer daraus an der Evidenz und Allgemeinheit seiner Religion zweifeln lernt« (XVIII, 286, 314). Eben solcher Zweifel, solcher Widerspruchsgeist, gibt Lessing jene Quicklebendigkeit, die so erfrischend wirkt bis heute. Er ist keiner von *den* deutschen Aufklärern, bei denen man befürchtet, daß, wenn sie den Mund auftun, eine Motte herausflattert.

Ungewißheit, Zweifel – darin wurzelt Lessings Toleranzdenken, im Unterschied zu dem des *Universal-Lexicons* von Zedler. In Einzelheiten dieses Denkens ist, wie gesagt, noch manches kontrovers. Noch manches Haar ist da lustvoll zu spalten, auch in Ehren ergrautes Haar und brüchiges. Bis das geschieht (und »tausend tausend Jahre« sind vor der Germanistik wie ein Tag), mag es verzeihlich sein, den ganzen Schopf oder gar Kopf in den Blick zu fassen, also von der Mikrologie zur Makrologie überzuwechseln und zu fragen*: in welchen geistigen Horizonten spielt sich eigentlich Lessings Toleranzdenken ab?* In drei Horizonten: einem globalen, einem kosmischen, einem historischen. Hier betreten wir unvermessenes Gelände, und das hat immer seinen Reiz, auch wenn sich das Gelände als versumpft erweisen sollte.

Ein Hinweis auf den globalen Horizont ist in der eben zitierten Äußerung Lessings zum *Nathan* versteckt: der Leser solle lernen, an der »Allgemeinheit seiner Religion« zu zweifeln. Religionen sind nicht allgemein, weil, wie Nathan sagt (und Lessing immer wieder), sie »alle sich [...] auf Geschichte gründen« (III, 92). Das heißt, sie berufen sich auf eine göttliche Offenbarung oder sonstige Stiftung zu einem bestimmten geschichtlichen Zeitpunkt: sie sind also nicht immer und von Anbeginn. Sie sind folglich auch nicht überall. Denn Offenbarung oder Stiftung geschieht an einem Ort unseres Planeten, und jede Religion ist, jedenfalls zunächst, am Anfang ihrer Geschichte, örtlich, geographisch begrenzt: auch die christliche Offenbarung geschah »zu einer gewissen Zeit, in einem gewissen Bezirke« (XII, 446). Das war kein fernliegender Gedanke in Lessings Zeit, als etwa gleichzeitig mit dem *Nathan* eine dreibändige *Geographische Geschichte des Menschen* erscheint (von Eberhard August Wilhelm von Zimmermann, 1778-83) und wenig später Herder, der den Ausdruck »geographische Geschichte« ebenfalls kennt, darauf pocht, daß »Geschichte ohne Geographie [...] ein *wahres Luftgebäude*« sei.[20] Im Entwurf zur Vorrede zum *Nathan* scheint Lessing in einem ähnlichen Junktim von Geschichte und Geographie zu denken, wenn er meint, »der Nachtheil, welchen geoffenbarte Religionen dem menschlichen Geschlechte bringen«,

Georg (rechts) und sein Vater Johann Reinhold Forster, um 1780. Kupferstich nach einem Ölgemälde von John Francis Rigaud.

nämlich Intoleranz, Territorial- und Legitimationsneid, sei niemals auffallender gewesen als »zu den Zeiten der Kreuzzüge« (XVI, 445): in Zeiten also, in denen die Christen erstmals außereuropäische Weltgegenden und Kulturen in den Blick bekommen und sich mit ihnen vergleichen. »Die ganze Welt / Drängt sich ja hier zusammen«, heißt es im *Nathan* über das Jerusalem der Kreuzzugszeit

(III, 106). Das zu erkennen, fällt Lessing leicht. Denn eine solche Zeit ist auch seine eigene: Es ist die Epoche des im Anschluß an John Parry so genannten »zweiten Entdeckungszeitalters«, das im Unterschied zum ersten, das von Goldgier, Abenteurertum und Bekehrungseifer bestimmt war, gekennzeichnet ist durch das anthropologische und kulturelle Interesse des damals aufkommenden »philosophischen Reisenden«, wie Rousseau, Forster und noch Degérando ihn nennen. Menschenkunde wird Völkerkunde, schreibt Wieland 1785 im *Teutschen Merkur* (H. 3, 197f.). Herder fordert dazu auf, unseren »wunderbaren« Planeten kennen zu lernen – und damit uns selbst (XXX, 98). Den Gegensatz solcher globalen Bildung zur bisherigen humanistischen Erkenntnis des Menschen und seiner Kultur aus der Geschichte bezeichnet Edmund Burke 1777, also gerade als Lessing den *Nathan* schreibt (wo »die ganze Welt« zusammenkommt). Wir haben, sagt Burke

> at this time very great advantages towards the knowledge of human Nature. We need no longer go to History to trace it in all its stages and periods. History from its comparative youth, is but a poor instructour [...]. But now the Great Map of Mankind is unrolld at once; and there is no state or Gradation of barbarism, and no mode of refinement which we have not at the same instant under our View. The very different Civility of Europe and of China; The barbarism of Persia and Abyssinia [...]. The Savage State of North America, and of New Zealand.
>
> (An William Robertson, 9. Juni 1777)

Ähnlich meint Herder, »eine anthropologische Charte der Erde« sei an der Zeit, »auf der nichts angedeutet werden müßte, als was Diversität der Menschheit ist« (XIII, 251). Mit solcher globalen statt humanistisch-historischen Optik, mit solcher von Ulrich Im Hof so genannten »großen Öffnung in die weite Welt«,[21] die natürlich auch die fremden Religionen und Sitten vor Augen führt, die nach Herder im Gefolge des fremden Klimas auftreten (XXX, 99), ist der erste Horizont von Lessings Toleranzdenken bezeichnet: eine kontinentübergreifende Bewußtseinserweiterung, die eigene Positionen, auch religiöse, im Vergleich mit anderen in Frage stellt, relativiert. (Lichtenberg: »Der Amerikaner, der den Kolumbus zuerst entdeckte, machte eine böse Entdeckung.«)[22] Nichts anderes als diesen, zu theologischer Rechtfertigung herausfordernden globalen Horizont dürfte Lessing im Auge haben, wenn er, sich selbst in die Bewußtseinsgeschichte Europas einordnend, schreibt, »der bessere Theil« seines Lebens sei »in eine Zeit gefallen, in welcher Schriften für die Wahrheit der christlichen Religion gewissermaßen Modeschriften waren« (XVI, 475). Denn diese werden nötig, sobald der überkommenen Religion das Territorium von außen streitig gemacht wird. Wer sich einbildet, außerhalb *seines* »Erdwinkels« sei kein »Heil«, der ist, notiert Dr. theol. Herder, ein »intoleranter Barbar« (XXX, 100). Hingegen: die Kombination von »Geographie und Geschichte«, »Zwillinge, die ohn einander nicht leben können«, könne »träge Vorurtheile abschütteln«: religiöse Vorurteile über den Papst etwa oder gar über Mohammed (XXX, 100, 104, 108). Das ist der Horizont, der sich auch im Vorbericht zur *Erziehung des Menschengeschlechts* eröffnet. Hier hat der angebliche Herausgeber sich »auf einen Hügel gestellt«, von dem er eine »Aussicht« in »unermeßliche Ferne« hat, die ihm »alle positiven Religionen [...] jedes Orts« auf unserem Planeten in den Blick rückt (XIII, 415). Das wäre also der erste Horizont von Lessings Toleranzdenken, der weltweite.

Der zweite Horizont ist ebenfalls aus seiner letzten Toleranzschrift zu extrapolieren. Lessing denkt in der *Erziehung des Menschengeschlechts* ähnlich wie Herder. Indem Herder in den *Ideen zur Philosophie der Geschichte der Menschheit* (1784) seinen weltweiten Überblick über die Kulturen (und Religionen) gibt, erweitert er den Gesichtswinkel zur Einbeziehung von bewohnten Welten im Kosmos – Welten mit Lebewesen von höherer geistiger, ja: geistlicher Perfektion, Welten, in die auch unsere Seelen nach dem Ableben des Körpers »wandern« werden, wo sie dann zu entsprechender spiritueller Höherentwicklung gelangen, wie die etwa gleichzeitigen Gespräche »Über die Seelenwandrung« (1782, bearb. 1785) *en detail* ausführen.[23] Solche »Milchstraßenspekulation« (Thomas Mann) war damals an der Tagesordnung.[24] Ähnlich schließt Lessing die *Erziehung des Menschengeschlechts* mit dem Ausblick auf eine »Ewigkeit« der Seelenwanderung: Seelenwanderung zwar als spirituell höherentwickelte Wiederkehr »auf dieser Welt« statt in planetarischen Welten im Kosmos (XIII, 435); aber ebenso wie Herder sich nie recht zwischen globalem und kosmischem Seelentourismus entscheiden konnte, so auch Lessing nicht. Denn in dem ungefähr gleichzeitigen[25] Manuskript »Daß mehr als fünf Sinne für den Menschen seyn können« (und sonstwo) setzt seine Spekulation den Aufstieg der Seele zu höheren Bewußtseinsformen in einer Mehrheit der Welten *im Kosmos* voraus (XVI, 522-524). Mehrheit der Welten heißt damals aber nicht zuletzt Mehrheit der Religionen oder der religiös relevanten Entwicklungsstufen des Menschen – ein Hauptwerk solcher theologisch inspirierten Theorie hat Lessing nicht zufällig gerade in seiner letzten Zeit beschäftigt.[26] Andere, vielgelesene Werke der virulenten Spekulation über die Mehrheit der Welten, ob nun als Wohnstätten wandernder Seelen oder »indigener« Populationen, waren Lessing vertraut. Manche Stimmen in dieser Debatte stellten ernsthaft besorgt (Melanchthon) oder mehr *implicite* (Kepler) oder auch *expressis verbis* provokativ und einflußreich (Robert Burton) zur Diskussion, ob etwaige extraterrestrische Religionen den uns bekannten vielleicht überlegen und, Lessingisch formuliert, »vor Gott angenehmer« seien – nicht von ungefähr im (ersten) Zeitalter der Entdeckungen.[27] Kein Zweifel also: die Mehrheit der Welten ist ein weiterer Horizont von Lessings Toleranzdenken. Er erweitert die globale Grenzenlosigkeit in die kosmische.

Und noch ein dritter Horizont von Lessings Toleranzdenken bringt sich in der *Erziehung des Menschengeschlechts*, und nicht nur zwischen den Zeilen, zur Geltung: ein *geschichtlicher* oder heilsgeschichtlicher. Die Entwicklung des religiösen Bewußtseins der Menschheit, die bisherige *und* die zukünftige, wird dort verstanden als das Werk der »Vorsehung«, die offensichtlich eine göttliche ist.[28] Ihr vertraut Lessing, scheint es, blind: »Geh deinen unmerklichen Schritt, ewige Vorsehung!« (XIII, 434). Wenn die Geschichte der Religionen von der Vorsehung geleitet ist, dann gibt es natürlich nichts Untolerierbares: *alle* Religionen sind gottgewollt, vorgesehen in einem transzendenten Heilsplan. Entsprechend nimmt man die »Vorsehung Gottes« gern als einen Horizont von Lessings Toleranz an.[29] Aber umfaßt dieser Horizont wirklich *alle* Religionen auf unserem Planeten? Oder aber bleiben außerhalb dieses Horizonts als des Wirkungsbereichs der Vorsehung, also im Bereich der von der Vorsehung *nicht* sanktionierten Kontingenz nicht noch einige andere

Religionen? Nämlich konkret: die Religionen vor und außerhalb der von der göttlichen Erziehung geleiteten Abfolge der jüdisch-christlichen Glaubenssysteme wie zum Beispiel die Religion der Ägypter und die der Perser und andere Formen von »Abgötterey« und »Götzen«-Dienst (XIII, 417, 423-425); und wie steht es mit den (Lessing zufolge) »geoffenbarten« Religionen der Mohammedaner und »Chineser« (VIII, 242), nicht zu reden von den im *Nathan* erwähnten, aber vom Richter in der Parabel *hors de concours* gesetzten Hindus und Parsen? Sind solche exotischen Religionen also auch in die umfassende Toleranz einzuschließen? Oder hätte Toleranz, in den beiden erstgenannten Horizonten ins Grenzenlose geweitet, auf einmal ihre Grenzen, weil Gottes Protektorat über die Religionsgeschichte Grenzen hat? Wie weit genau erstreckt es sich? Ist es beschränkt auf »seine« Offenbarungsreligionen Judentum und Christentum? Und schließt es selbst dort zum Beispiel ganz Hamburg ein?

Drei Horizonte der Toleranz also bei Lessing: global, kosmisch, heilsgeschichtlich – wie kommen sie im einzelnen zur Geltung, nicht in seinem Denken schlechthin, sondern in seinem Toleranzdenken?

3. Der Blick auf die Weltkarte: Toleranz global

Der erste Toleranz-Horizont, der globale. Zeitgenossen wußten ihn zu schätzen bei Lessing. Das Epochemachende an Lessings Eintreten für die Toleranz sah Mendelssohn 1782 in der Vorrede zu *Manasseh Ben Israel Rettung der Juden* in seiner Ausweitung der Perspektive auf außereuropäische Glaubenssysteme. »Was aber auch über Toleranz bisher [vor Lessing] geschrieben und gestritten ward, gieng blos auf die drey im R[ömischen] R[eich] begünstigte [christlichen] Religionsparteyen. An Heiden, Juden, Mahometaner und Anhänger der natürlichen Religion ward entweder gar nicht oder höchstens nur [von den »Widersachern derselben«] in der Absicht gedacht, um die Gründe für die Toleranz problematischer zu machen,«[30] also um Nicht-Christen nicht zu tolerieren. Das läßt sich für Deutschland historisch dokumentieren.[31] Dieser oder jener Heide, Jude, Türke (als Anhänger des Islam) mochte aus staatspolitischen Gründen hier und da ausnahmsweise »geduldet« werden, aber selig werden konnten selbst deren unmündige Kinder »nimmermehr«, versichert 1704 ein Traktat von einem obskuren, aber frommen geistlichen Herrn namens Johann Samuel Adam. Und historisch dokumentieren läßt sich auch, daß solche Intoleranz jedenfalls in deutscher Sprache erst mit Lessing aufhört, Toleranz also global ausgedehnt wird auf Religionen jenseits des Christentums, und zwar nicht erst mit dem *Nathan*, sondern schon 1754 mit seiner »Rettung des Hier. Cardanus«, wo eine fremde Religion, der Islam etwa, nicht nur nicht mehr verächtlich ist, wie im Grunde doch noch für Cardanus (nämlich nach den, wie Lessing ihm vorwirft, schwachen Rechtfertigungsgründen zu urteilen, die er dem Juden und dem Moslem in den Mund legt), sondern vielleicht sogar dem Christentum überlegen, und auf jeden Fall zu tolerieren. Doch warum? Zur Begründung seines Urteils macht Lessing klar: zu seiner Zeit wisse man einfach viel mehr über die weite Welt da draußen als zu Cardanus' Zeit, im sechzehnten Jahrhundert, und dies sogar in Deutschland, wo man bekanntlich oder doch bis kurz zuvor noch »in den Saufstuben sitz[t] und einander die Ehr' abschneide[t]«, während »die Holländer [und nicht nur sie] bei einem Glas Rheinwein [...] die ganze Welt durchspazieren«:[32] die Holländer, die damals berühmt waren als die tolerantesten Europäer. Welterfahrung und Toleranz gehen Hand in Hand.

In dem Sinne wäre Lessing gern Holländer gewesen. Bereits der Teenager wollte »nicht fremd seyn auf der Welt« (I, 244) und sozusagen nicht zu den Deutschen gehören, die nach Lichtenberg ein Volk von »ungewöhnlicher Unbekanntschaft mit der Welt« waren.[33] Im Unterschied zu seinem beneideten Vetter Christlob Mylius konnte Lessing sich zwar nicht persönlich, als Reisender, an der »großen Öffnung in die weite Welt« beteiligen, die Felipe Fernández Armesto neuerdings in seinem *Millennium* (1995) als das definierende Ereignis der Aufklärungszeit erkannt hat. Aber schon als ganz junger Mann hat er an ihr teilgenommen durch Lektüre von Reiseliteratur und Geschichtswerken über exotische Breiten und Längen, und noch als er starb, hatte er nicht zufällig ein erdkundliches Werk (über Amerika) bei sich zu Hause liegen – regelwidrig mitgebracht aus der Bibliothek *vis-à-vis*.[34] Reisebeschreibungen lesen und selbst reisen – für Kant, auch für Goethe, war das quasi dasselbe (jedenfalls haben sie das behauptet aus der Perspektive des Armsessels, während Chamisso nicht ohne schwerenöterhafte Ironie meinte, persönlich »um die Welt gekommen zu sein« gehöre zur »gelehrten Erziehung«).[35] So oder so: Reisen, globale Bildung war das große Abenteuer der Zeit. Ikonisch geradezu ist, daß Louis XVI. sich damals am liebsten in der Rolle dessen sah, der La Pérouse auf die Weltreise schickte.[36] Eine solche »philosophische« Reise, wie man damals und wie auch Lessing sagt (XIV, 126), wäre ganz nach Lessings Herz gewesen. Die überseeische Fremde übt eine überraschende Anziehungskraft aus auf den begnadeten Stubenhocker, der selbst später noch fürchtet, »in dem kleinen Wolfenbüttel unter Schwarten [zu] vermodern« (XVIII, 119). Was der Mensch ist, das sagt auch ihm (manchmal) die Völkerkunde: Mylius' geplante Weltreise ist für den jungen Lessing ein Projekt zur »Kenntniß […] des Menschen« (VI, 408). Interessant ist dabei dies: indem er nun seinerseits diese ethno-anthropologische Kenntnis von früh an, wie angedeutet, sich anzueignen sucht durch die Lektüre von Reiseliteratur über Amerika, China, Indien, Japan, Ägypten, die Südseeinseln usw., stößt er sofort auf das Denkschema »wild« oder »barbarisch« und »zivilisiert« oder »gesittet« – er stößt also auf den »edlen Wilden«, der damals hoch im Kurs stand, nicht zuletzt, weil er als Vertreter der (laut Mendelssohn von keinem anderen als Lessing in die Toleranzdebatte eingebrachten) »natürlichen Religion« galt (oder auch als Vertreter eines natürlichen guten Geschmacks – so bei dem französischen Entdeckungsreisenden Lahontan, der es selbstlos zu würdigen wußte, daß die kanadischen Kannibalen das zartere Fleisch der Franzosen dem zäheren der Engländer vorzogen).[37] Nicht so Lessing: Lahontans Idealisierung des Wilden hält er, auch von kulinarischen Raffinessen abgesehen, für »Geschwätz« (IV, 290): edel oder nicht, die »sauvages du Canada« sind Menschenfresser und damit indiskutabel, Franzosenfresser eingeschlossen (IV, 351-353). Anders als Lichtenberg fällt es Lessing nicht ein, daß der derart abgewertete Menschenfresser, der berüchtigte Neuseeländer etwa, dem zivilisierten Europäer entgegenhalten könnte, er, der Europäer, seinerseits sei, wenn er das Abendmahl nähme, »Gottesfresser«.[38] Doch je mehr Lessing über die Exoten liest, desto klarer wird ihm: nicht alle Nicht-Europäer sind Barbaren, manche sind »gesittet«, ja hochkultiviert.[39] Sind sie also auch religiös ernstzunehmen statt abzutun als bloße Götzendiener, die sich vom »Vorurtheil« beherrschen lassen (IV, 387f.)? Sind die Exoten in die Toleranz einzuschließen?

Natürlich sind sie das, sagt Lessing mit Gusto besonders im Fall der Araber. Von früh bis spät, von der Übersetzung von Marignys *Histoire des Arabes sous le gouvernement des Califes* (1753) bis zum *Nathan*, hat Lessing sich ganz besonders verdient gemacht um die ethische und religiöse Anerkennung des Islam als einer, wie er sagt, »aufgeklärten« Hochkultur, nicht ohne Seitenblick auf christliche Intoleranz[40] – vergleichbar mit Leibniz, Voltaire, George Sale, Reiske, Ockley und anderen,[41] mit denen er über dieses Thema im Gespräch ist. Nicht zu vergessen auch der von Lessing an entscheidender Stelle erwähnte Carsten Niebuhr, der in den 1760er Jahren Arabien »philosophisch« bereist hatte und in der daraus hervorgegangenen *Beschreibung von Arabien* (1772) besonderen Wert auf die pietätvoll-anerkennende Haltung zum Mohammedanismus gelegt hatte, »tolerant« bis zur christlichen Selbstrelativierung.[42] Auf einmal sind es nun in radikalem Blickwechsel »*wir*«, die vom »Vorurtheil« beherrscht sind – von dem Vorurteil nämlich, daß sie, die Araber, »ein

Des Abts von Marigny
Geschichte
der
Araber
unter der
Regierung der Califen.

C.F.V.

Aus dem Französischen.

Erster Theil.

Berlin und Potsdam,
bey Christian Friedrich Voß.
1753.

Titelblatt der Lessing-Übersetzung von Marignys 1750 in Paris erschienener ›Histoire des Arabes sous le gouvernement des Califes‹.

barbarisches Volk« seien (V, 153). Solche Selbstrelativierung wird möglich im zweiten Entdeckungszeitalter, als sich die weite Welt *intellektuell* öffnet, nicht mehr nur kommerziell und missionarisch. Tatsächlich seien die Araber, meint Lessing, seit Harun-al-Raschid nicht nur aufgeklärt im abendländischen Sinne; ihre Kultur erstrecke sich auch auf das Religiöse: zu einer »mehr als christlichen Tugend«, ja selbst zu aufgeklärter Religions-Toleranz seien sie fähig. Damit verglichen, schneidet die christliche Kultur betont schlecht ab. Zu ihren Gunsten ist allenfalls zu sagen, daß sie – »die ganze christliche Welt« – sich dem Einfluß des »kleinen Arabien« geöffnet habe (V, 172, 414f.) – mäßiges Lob als Verdammungsurteil?

So schon der frühe Lessing. Doch ebbt sein Interesse an der großen weiten Welt keineswegs ab nach der abgebrochenen eigenen

Weltreise, die ihn immerhin nach Ostfriesland führte. Und zwar sucht sich der spätere Lessing »Ersatzbefriedigung« nicht nur in Büchern, sondern, ähnlich Goethe, auch im Gespräch, mit Georg Forster etwa, der für ihn schlicht der Mann ist, »der um die Welt gereiset ist« (XVIII, 306) – und der seinerseits von Lessing beeindruckt war.[43] In der Geschichte der charakteristisch deutschen Spannung von Provinzialität und Fernsicht, Enge und Weite, Heimat und exotischem Draußen ist das Kapitel vom Stubenhocker im seemöwenfreien Wolfenbüttel eins der geglückteren.

Davon zeugen auch die Toleranzschriften der späten Jahre, *Nathan der Weise* ohnehin, aber auch weniger sichtbare wie zum Beispiel, im Fragmentenstreit, Lessings »Gegensätze« zu seinen Exzerpten aus Reimarus' *Apologie oder Schutzschrift für die vernünftigen Verehrer Gottes* (deren erstes schon gleich in seinem, von Lessing beigesteuerten Titel von der »Duldung« der Deisten, aber auch von Juden, Türken und »Heiden« spricht, worauf das ganze Reimarus-Manuskript ja überhaupt abzielt). In den »Gegensätzen« also wirft Lessing, der allerlei über Indien gelesen hat, die Bemerkung hin: »Die heiligen Bücher der Braminen müssen es an Alter und an würdigen Vorstellungen von Gott mit den Büchern des A. T. aufnehmen können« (XII, 445). Es eröffnet sich die Perspektive auf das alte Thema der Seligkeit der Heiden, und sie öffnet sich weit über Indien hinaus:

> Aber wenn denn die Christliche Religion nur erst zu einer gewissen Zeit, in einem gewissen Bezirke erscheinen konnte, mußten deswegen alle vorhergehende Zeiten, alle andere Bezirke keine seligmachende Religion haben? Ich will es den Gottesgelehrten gern zugeben, daß aber doch das *Seligmachende* in den verschiednen Religionen immer das *Nehmliche* müsse gewesen seyn: wenn sie mir nur hinwiederum zugeben, daß darum nicht immer die Menschen den *nehmlichen Begriff* damit müssen verbunden haben. Gott könnte ja wol in allen Religionen die guten Menschen in der *nehmlichen Betrachtung*, aus den *nehmlichen Gründen* selig machen wollen: ohne darum allen Menschen von dieser Betrachtung, von diesen Gründen die *nehmliche Offenbarung* ertheilt zu haben. (XII, 446)

Hermann Samuel Reimarus.
Kupferstich von Christoph Fritzsch, 1751.

Toleranz für andere Religionen ergibt sich hier aus jenem Blick in die geographische Weite und Ferne, den das zweite Entdeckungszeitalter zu einer Sache der intellektuellen Neugier gemacht hatte (die dann zwar zum Schock der Infragestellung der eigenen theologischen Position führen konnte). Denn »Braminen« ist hier nur ein Stichwort für die global-geographische Perspektive. In aller Konkretheit und wieder im Kontext »Toleranz« war diese Perspektive nämlich schon an einer früheren Stelle der »Gegensätze« zur Geltung gekommen. Diese Stelle bezog sich im Prinzip anerkennend auf jenes von Lessing ausgewählte »zweyte« Reimarus-Fragment, das die Seligkeit der Heiden auf das provokativste thematisierte – oder war es nicht vielmehr die unverschuldete Unseligkeit von Millionen von Menschen außerhalb der christlichen »Ökonomie des Heils« (XII, 437)? Wieder kann Lessing sich eine solche Ungerechtigkeit Gottes nicht vorstellen; er beruft sich auf Gottes Weisheit: die sei imstande, zu »dispensiren, wo es der Theolog nicht könne« (XII, 438). Das wäre also die Toleranz des Christengottes für die, die von der christlichen Offenbarung nicht wissen konnten, aus Gründen ihrer Zeit (vor Christus) und/oder ihres geographischen Orts (auf anderen Kontinenten). Göttliche Toleranz: ein besseres Vorbild kann sich menschliche Toleranz nicht wünschen – und es ist die Geographie oder »geographische Geschichte«, die uns von deren Notwendigkeit überzeugt. Denn von eben dieser global-geographischen Perspektive hatte Reimarus' Toleranz-Fragment, das Lessing derart kommentiert, lang und breit gehandelt.

Dieses Toleranz-Fragment, das zweite, zu lesen ist, scheint es, eine ungermanistische Aktivität. So darf ich vielleicht an seinen Inhalt »erinnern« (XII, 316-358). Es ist sozusagen das am meisten hamburgische der Reimarus-Fragmente: geschrieben mit dem Wellenschlag im Ohr, der, wie Lichtenberg von der Flut an der Themsemündung gesagt hat, von weither kommt, von Tahiti oder China.[44] Das Fragment handelt von der »Unmöglichkeit einer Offenbarung, die alle Menschen auf eine gegründete Art glauben könnten« (XII, 316). So die wiederum von Lessing beigesteuerte Überschrift des Fragments, womit sofort der weltweite Horizont des zweiten Entdeckungszeitalters aufgerissen ist. Und erstaunlich: in diesem Horizont profilieren sich Gedanken-Motive, die man aus dem *Nathan* kennt und aus *Ernst und Falk* und der *Erziehung des Menschengeschlechts* – und für eminent, ja originell Lessingisch hält. Die Geburt der späten Toleranzschriften Lessings aus dem hamburgischen Geist des Reimarus? Zunächst Reimarus' zweites Fragment.

Wie Mendelssohn zufolge bei Lessing, so geht es auch bei Reimarus um weltweite statt interkonfessionelle Toleranz. Reimarus provoziert sozusagen geographisch, global: unzähligen Menschen ist ohne ihre Schuld die christliche Offenbarung unzugänglich, damit auch der »Glaube« und die christliche »Seligkeit«: Türken, Juden, Chinesen, Persern, Afrikanern, Ägyptern, Parsen, Skythen, Indianern, Sibiriern usw. Denn seit »undenklichen Zeiten« ist der

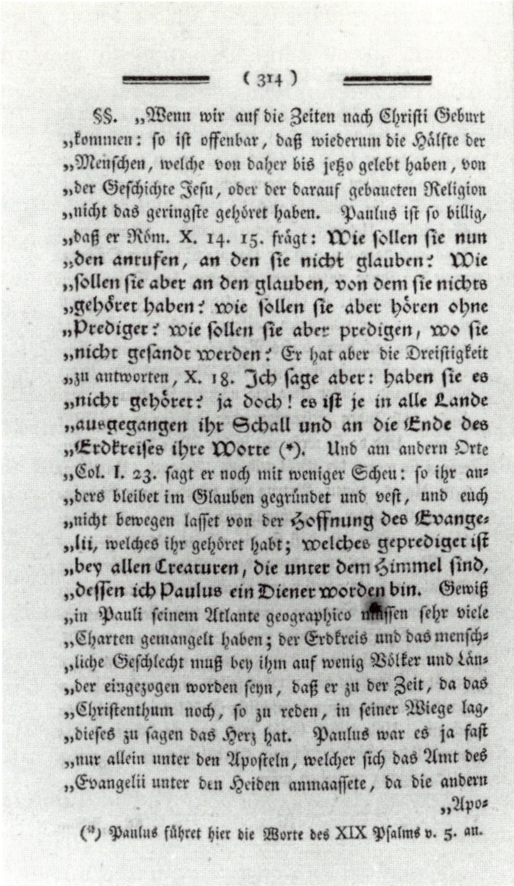

(314)

§§. „Wenn wir auf die Zeiten nach Christi Geburt „kommen: so ist offenbar, daß wiederum die Hälfte der „Menschen, welche von daher bis jetzo gelebt haben, von „der Geschichte Jesu, oder der darauf gebaueten Religion „nicht das geringste gehöret haben. Paulus ist so billig, „daß er Röm. X. 14. 15. frägt: **Wie sollen sie nun „den anrufen, an den sie nicht glauben? Wie „sollen sie aber an den glauben, von dem sie nichts „gehöret haben? wie sollen sie aber hören ohne „Prediger? wie sollen sie aber predigen, wo sie „nicht gesandt werden?** Er hat aber die Dreistigkeit „zu antworten, X. 18. **Ich sage aber: haben sie es „nicht gehöret? ja doch! es ist je in alle Lande „ausgegangen ihr Schall und an die Ende des „Erdkreises ihre Worte** (*). Und am andern Orte „Col. I. 23. sagt er noch mit weniger Scheu: so ihr an„ders bleibet im Glauben gegründet und vest, und euch „nicht bewegen lasset von der **Hoffnung des Evange„lii**, welches ihr gehöret habt; **welches geprediget ist „bey allen Creaturen, die unter dem Himmel sind, „dessen ich Paulus ein Diener worden bin.** Gewiß „in Pauli seinem Atlante geographico müssen sehr viele „Charten gemangelt haben; der Erdkreis und das mensch„liche Geschlecht muß bey ihm auf wenig Völker und Län„der eingezogen worden seyn, daß er zu der Zeit, da das „Christenthum noch, so zu reden, in seiner Wiege lag, „dieses zu sagen das Herz hat. Paulus war es ja fast „nur allein unter den Aposteln, welcher sich das Amt des „Evangelii unter den Heiden anmaaßete, da die andern „Apo=

(*) Paulus führet hier die Worte des XIX Psalms v. 5. an.

Aus dem zweiten Reimarus-Fragment (1777): ›Unmöglichkeit einer Offenbarung, die alle Menschen auf eine gegründete Art glauben könnten‹, in ›Zur Geschichte und Litteratur‹ (s. S. 35).

ganze »Erdboden« besiedelt, aber ohne Evangelium gewesen, und langsam nur hat sich dieses nach Christi Geburt ausbreiten können und bei weitem nicht zu allen Bevölkerungen, selbst bis »heutiges Tages« nicht. Und doch behauptet Paulus, das Evangelium sei *»allen Creaturen gepredigt, die unter dem Himmel sind*?« »In Pauli seinem Atlante geographico müssen sehr viele Charten gemangelt haben«, heißt es skeptisch von der Wasserkante her. »War denn [Paulus] oder seine Gehülfen bis ans Ende des Erdbodens gewesen?« »Die Schiffahrt ist erst in neueren Zeiten [...] recht emporkommen. Es ist nicht so gar lange, daß man die ganze Erde zuerst umfahren hat. Man hat seit ein Paar Jahrhunderten viele hundert Inseln, viele hundert Völker, viele grosse Länder [...] entdecket. Es sind noch viele terrae incognitae übrig«, trotz aller exotischen Reisebeschreibungen. Zwar gibt es mittlerweile auch *terrae cognitae* auf anderen Kontinenten – doch wer, um sie christlich missionieren zu können, spricht ihre mehr als 1000 Sprachen? (Über diese referiert Reimarus seinerseits mit enormer Gelehrsamkeit, wobei er dem Leser nicht vorenthält, daß Hottentottisch wie Schnarchen und »der Truthäne Kollern« klingt – kaum geeignet für die Verbreitung von Gottes Wort, wenn es denn verbreitet werden soll im zweiten Entdeckungszeitalter der wachsenden Hochachtung vor dem »anderen«!) Aber was für Europäer sind das auch, die in diese fernen Weltgegenden reisen? Sie sind der Abschaum der Menschheit, Missionare inklusive. Hier wird also der Spieß umgedreht, wie dann bei Forster und Chamisso: die Barbaren sind *wir*. Kein Wunder, daß sich das mit »Gewalt und Schwerdt« aufgezwungene Christentum nicht hält bei den Völkern da draußen in Übersee. Und *brauchen* sie es? Haben sie nicht ihre eigenen heiligen Schriften – Reimarus zählt sie alle auf und fragt: wer denn »aller Völker Religionen so genau zu kennen und so unpartheyisch zu untersuchen« jemals unternommen habe. Die Missionare mit Sicherheit nicht. Solange das nicht geschehen ist – was ist verständlicher, als daß die Exoten, nicht anders als die Christen, lieber »die Religion, darin [sie] erzogen worden« beibehalten, sie als »die einige wahre und seligmachende« annehmen? Und warum sie daran hindern? (Nathan wird das paraphrasieren.) Und kommt nicht hinzu, daß jene Völker vom Christentum und seinen Vertretern mindestens »so viel anstößiges und ärgerliches« erfahren, wie die Christen ihrerseits von den fremden Religionen? Müssen die andern das Christentum nicht als Vielgötterei ansehen? Oder Anstoß nehmen an unmoralischen Bibelstellen, die dem Christen aus bloßer Vertrautheit nicht mehr anstößig sind? Umgekehrt spricht die Fremden manches Anerkennenswerte im Bibeltext an, doch warum? Weil es ähnlich zum Beispiel auch im Koran steht, »ja mehrentheils weit edler, schöner, und unanstößiger ausgedrückt« ist. So wird das Christentum von draußen gesehen, entfernt nach dem Modell der *Lettres persanes*, und der Zweck ist klar: die Notwendigkeit der Toleranz (nicht zuletzt für das Christentum) leuchtet ein. Das ist aufgeklärte Toleranz aus dem transozeanischen Geist der Geographie, die möglich geworden ist, seit sich »Handlung und Schiffahrt über den ganzen Erdball ausbreiten« und so, wie im *Nathan*, die »ganze Welt« zusammen bringen. Übrigens sind die »andern« da auch für Reimarus schon aufgeklärter und toleranter als die Christen, wie in Lessings Äußerungen über die Araber und dann im *Nathan*: die Türken, in der Ausübung ihres Glaubens gehindert und verfolgt von den Christen, »dulden« ihrerseits die Christen in ihrem Machtbereich, ganz davon abgesehen, daß der Koran Moses und Jesus toleriert, ja »für große Propheten« hält! Ist es verwunderlich, daß Christen zum Islam konvertieren – zum Islam, der, wie Reimarus in einem anderen Fragment meint, doch »auf natürliche Religion hinauslaufe«, wenn nicht gar auf die Restauration der »wahren Religion Abrahams« (XII, 268). Verwunderlich nicht für Lessing, der die notorische Konversion von Adam Neuser verständnisvoll kommentiert hat (XII, 202-254) und seinerseits mit dem Gedanken spielte, daß die nicht zuletzt auch religiös hochzivilisierten Araber (in anderem Zusammenhang übrigens auch die Indianer)[45] von Abraham abstammen und damit von dem Urvolk der hohen Kultur (XVI, 302).

Lessing also wählt all das aus verschiedenen Stellen von Reimarus' Manuskript aus, druckt es und widerspricht mit keinem Wort, trotz der von ihm so genannten »Gegensätze«. Im Gegenteil: wenn er in den »Gegensätzen«, wie angedeutet, von Gottes Vermögen spricht, Andersgläubige zu dispensieren von dem Erfordernis der Evangelium-Kenntnis (oder auch der Hebräisch-Kenntnis [XIII, 130]) als Vorbedingung der Seligkeit und wenn er sogar hinzufügt, Gott wisse auch »Auswege, wo es nicht einmal der Dispension bedürfe« – woran kann Lessing da denken, wenn nicht an die Gleichheit der Religionen als Wegweiser zum Seelenheil? Daß verschiedene, ja »alle« Religionen, an entgegengesetzten Enden der Welt, auf ihre Weise, wenn auch nicht auf die »nehmliche« Weise selig machen und daher zu dulden seien – das hat er an der zitierten längeren Stelle aus den »Gegensätzen« ja unzweideutig gesagt (XII, 445f.). Auch das ist Toleranz aus dem Geist des zweiten Entdeckungszeitalters, im Horizont der Völkerkunde als Menschenkunde, wie Wieland sagte: als Kunde auch von der Kultur des Menschen, einschließlich seiner Religion.

Das »zweyte Fragment« aus den Papieren des Ungenannten, das ich referiert habe, veröffentlicht im Januar 1777, über vierzig kleingedruckte Seiten lang, ist eine erstaunliche Trouvaille: das Korn des blinden Germanisten. Es ist die Saat, die in den Spätwerken Lessings aufgeht – die Saat, die als so unverwechselbar Lessingisch gilt. *Nathan*-Zeilen klingen oft an, nicht von ungefähr, denn auch am Schauplatz des *Nathan* kommt ja, wie gesagt, »die ganze [damals bekannte] Welt« zusammen oder wird doch wenigstens bedeutungsvoll erwähnt: Franken, Inder, »Mohren«, Ägypter, sogar ein »Wilder«, und zwar ein »guter, edler« ist dabei; und eben von seiner »weiten Reis'« aus Babylon zurückgekehrt, weiß Nathan über »alle Länder« jener weiten Welt der Heiden jedenfalls dies, daß sie alle »gute Menschen tragen« (III, 61, 73, 96). Vor allem aber geht diese Reimarus-Saat auf in den Freimaurergesprächen *Ernst und Falk* und in der *Erziehung des Menschengeschlechts*.

Die globale Perspektive, die die Dialoge über die Freimaurerei (1778-1780) bestimmt, vermittelt auch Lessing, wie Reimarus, durch das Bild der interkontinentalen »Schiffahrt« nach »entlegenen Ländern«, die die verschiedenen Kulturen, ja »alle Menschen in der Welt« zusammenführt, zugleich aber auch das Trennende bewußt macht, so daß die Menschen immer aufs neue zusammengebracht werden müssen (XIII, 354f.). Zum Trennenden gehören die Glaubenssysteme: »ganz verschiedenes Klima, folglich [eine Kausalität wie bei Herder] ganz verschiedene Sittenlehren, folglich ganz verschiedene Religionen« (XIII, 356). Das sind also besonders die Religionen der Exoten, »Türken und dergleichen«, eben nicht nur (das hat Mendelssohn ganz recht gesehen in seiner epochalen Einschätzung des Novums von Lessings Toleranz) die »drey im heiligen römischen Reiche öffentlich geduldeten [!] Religionen« (XIII, 357, 397). *Alle* diese aber, von Wolfenbüttel bis Babylon und darüber hinaus, sind, so die ganze Drift der *Ernst und Falk*-Dialoge und der Sinn der Lessingschen Freimaurerei, zu »vereinigen« (wie alle sonstigen getrennten und in Konflikt geratenen Phänomene der Kultur auch), und Toleranz ist der erste Schritt dazu. Über die »Vorurtheile

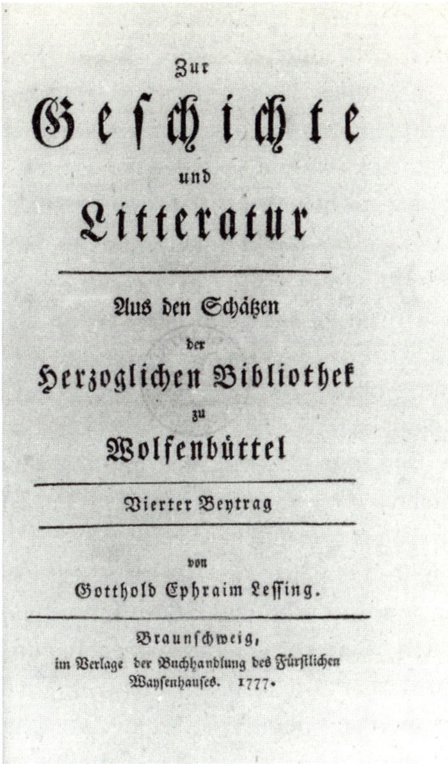

Zur
Geschichte
und
Litteratur

Aus den Schätzen
der
Herzoglichen Bibliothek
zu
Wolfenbüttel

Vierter Beytrag

von
Gotthold Ephraim Lessing.

Braunschweig,
im Verlage der Buchhandlung des Fürstlichen
Waysenhauses. 1777.

Titelblatt der von Lessing herausgegebenen Bibliothekszeitschrift. Der vierte Beitrag enthält neben Lessings ›Gegensätzen des Herausgebers‹ fünf Reimarus-Fragmente.

der Völkerschaft« nicht nur, sondern auch über die »Vorurtheile ihrer angebohrnen Religion« »hinweg« zu kommen ist das Gebot der Stunde (XIII, 360). Intoleranz ist eins der »Übel, gegen welche die Freymäurerey angehet« (XIII, 365); »ohne Unterschied der Religion« (oder des Standes oder Vaterlands) werde »jeder würdige Mann von gehöriger Anlage« in den »Orden« der Freimaurer aufgenommen (XIII, 367). Man sieht: Toleranz wiederum (das ist mein, wie ich glaube, neuer Gesichtspunkt oder Irrtum) geboren aus dem Geist der »großen Öffnung in die weite Welt«, Lessings Sicht von der Hamburger Außenalster sozusagen, wo die Welle aus Tahiti und China an den Kai klatscht.

Die Reimarus-Saat geht ebenfalls auf in der *Erziehung des Menschengeschlechts*, entstanden in unmittelbarer Nähe zu Reimarus und zur Hälfte zusammen mit den »Gegensätzen« zu den Reimarus-Fragmenten gedruckt, dann vollständig veröffentlicht als Lessings letztes Werk und (wie man in pathetischen Zeiten sagte) als Lessings Vermächtnis, im Frühjahr 1780 – in Lessings letztem Frühjahr, von dem er sich bekanntlich wünschte, die Natur würde auch einmal rot, statt immer nur grün.[46] 1780 wurde sie multi-kulti vielfarbig. Mit andern Worten: die interkontinentale Perspektive auf die Toleranz herrscht auch hier, in der *Erziehung des Menschengeschlechts*, ergänzt durch die geschichtliche Perspektive. Lessing entwirft, was damals, wie angedeutet, in deutschen Landen nach englischem Vorbild aktuell wird: eine erdumspannende »geographische Geschichte«. Der Vorbericht der *Erziehung* verspricht, von einem Hügel in die »unermeßliche Ferne« blickend, eine Geschichte »aller positiven Religionen« »jedes Orts«. Zwischen den Zeilen wird dabei mit dem Konzept, daß Gott »seine Hand bey allem im Spiele« habe (XIII, 415), für Toleranz gegenüber allen diesen Religionen geworben. Aber (um es zu wiederholen): gilt die auch für die Religionen, die nicht auf dem Heilsweg der Vorsehung von Moses zu Jesus zu Lessing liegen, also für die vom göttlichen Erziehungsplan ausgeschlossenen »rohen« und »heidnischen Völker« mit ihren »armseligen Götzen« und »Abgöttereyen« (§ 21, 35, 39)? Lessing rekurriert hier auf die Vorstellung von der Seelenwanderung: »Warum könnte jeder einzelne Mensch auch nicht mehr als einmal auf dieser Welt vorhanden gewesen seyn?« (§ 94) Damit, mit diesem Gedanken aus dem hinduistischen Indien, der uns wieder an die globale Perspektive erinnert, wäre eventuell auch die Seligkeit der Heiden garantiert und ihre Toleranzwürdigkeit, wenn nämlich der »Ägyptier«, »Perser«, »Chaldäer« und jeder beliebige »Götzen«-Diener wiedergeboren würde als Jude, dann als Christ und schließlich als Anhänger der natürlichen Religion, der das Gute um des Guten willen tut (§ 85).

Darauf ist im dritten Horizont zurückzukommen. Zuvor ist im Auge zu behalten: dieselbe Vorsehung des »Schöpfers«, die als eine der wenigen Konstanten von Lessings Weltanschauung gilt, nimmt Lessing etwa gleichzeitig ebenfalls in Anspruch, um eine alternative, ihm geläufigere Vorstellung von der Seelenwanderung zu stützen, und die ist toleranzfreundlicher.[47] Das ist die der Wanderung der Seele nach dem Tod von Planet zu Planet, wo sie immer höhere spirituelle Perfektionsstufen zu erreichen bestimmt ist: Palingenesie statt Metempsychose, interplanetarischer Seelentourismus mit Gott als dem Reiseberater von bewährter Fachkompetenz.[48] Der globale Vergleich von Religionen und Bewußtseinsstufen im Hinblick auf Toleranz (»Juden, Christen, Türken« usw.) wird derart bereichert um eine kosmische Dimension. Damit aber sind wir bereits in den zweiten Horizont von Lessings Toleranzdenken eingetreten: die »Milchstraßenspekulation« über die Mehrheit der planetarischen Welten und die zuversichtlich erschlossenen höheren Bewußtseinsstufen oder auch Religionen ihrer Bewohner.

4. Der bestirnte Himmel: Toleranz kosmisch

Bevor man abschaltet in der Meinung, Science Fiction sei etwas für allzu fernsehende Teenager, ist zu erinnern: einer der »allerersten Versuche in der Dichtkunst« und wohl das frühste intellektuell anspruchsvolle Werk des Teenagers Gotthold Ephraim aus Kamenz war ein Großpoem über die Mehrheit der Welten (I, 271-273; V, 66): keine Teenagerpoesie, der ein Jugendschutzgesetz gegen Interpretation angemessen wäre, sondern ein Thema, damals wie heute hochaktuell, das Lessing bis in seine letzten Lebenstage nicht losgelassen hat und das er empfahl als »die beste Lecture auf dem Sterbebette« (XV, 447). Als er selbst starb, fand sich, unordnungsgemäß aus der herzoglichen Bibliothek entnommen, denn auch ein Hauptwerk dieser Spekulation in seinem Haus: Swedenborgs *De telluribus in nostro mundo solari*.[49] Die Verbindung dieses kosmischen Horizonts (Mehrheit der Welten) mit dem bisher besprochenen (Mehrheit der Kontinente) ist gegeben mit dem Stichwort Kolumbus: Galilei als Entdecker von lunarischen Welten um den Jupiter herum galt als »zweiter Kolumbus«. Und auch in Lessings Gedicht über die Mehrheit der Welten heißt es über die Erkundung von bewohnten Himmelskörpern: »Beherzter als Columb, tret ich den Luftweg an, / [...] Genug, die scheitern schön, die scheiternd Welten suchen« (I, 272). Als Mylius zu Beginn seiner Weltreise stirbt, weiß Lessing dementsprechend den Trost der Gurus der abenteuerlichen Herzen: Mylius' »entbundene Seele« werde mittlerweile statt von exotischem Land zu exotischem Land bereits von Gestirn zu Gestirn ihre Reise fortsetzen zu stets »neuen Welten«, »von einem Planeten auf den andern, aus einem Weltgebäude in das andre« (I, 125; VI, 395).

Zugrunde liegt der Vorstellung von der Mehrheit der Welten in der Neuzeit das Weltmodell des Kopernikus. Goethe zufolge hat es zu einer »bisher unbekannten, ja ungeahneten Denkfreiheit und Großheit der Gesinnungen berechtigt und aufgefordert«.[50] Zu solchen Ideen gehört auch die der Pluralität der Planetenwelten: wenn unsere Erde ein Planet ist, warum sollen dann nicht die anderen Planeten Erden sein, und warum nicht Erden mit Menschen, Menschen vielleicht von Bewußtseinsstufen und mit Religionen, die, höflich gesagt, konkurrenzfähig wären? *Das* war die aufstörendste Konsequenz des

Kopernikanismus, nicht etwa, wie Nietzsche meinte, der Verlust der Mittelstellung des Menschen im Kosmos. (*Damit* sind die Theologen ganz gut fertig geworden.) Daß Lessing das begriffen hat, deutet er an, wenn er verrät: die Anregung zu seinem Gedicht über die Mehrheit der Welten hätten ihm Whiston und Huygens gegeben (V, 66) – Anhänger des Neo-Kopernikaners Newton der eine wie der andere, wie auch Lessing selbst immer wieder in Poesie und Prosa. Huygens' Buch über die Mehrheit der bewohnten Welten, den *Kosmotheoros*, hat der junge Lessing verschlungen wie etwas später auch Fontenelles *Entretiens sur la pluralité des mondes*, den anderen Bestseller dieses Modethemas von damals und heute (V, 66f.). (Eine Bemerkung am Rand: während für Huygens alle Planetenbewohner mit »uns« identisch sind bis zu Astronomiebegabung, Glückseligkeit und Theaterleidenschaft, entsprechen bei Fontenelle die Saturnier, Venusier, Martier usw. jeweils Rassen unseres Planeten: das Toleranzproblem des ersten Horizonts wird derart ins Kosmische projiziert.)

Lessing seinerseits ist *à propos* Mehrheit der Welten besonders fasziniert von der angedeuteten Idee, daß diese Welten im Kosmos – »Myriaden« Welten, sagt man damals bequem; genau gezählt hat sie nur Professor Gellert in Leipzig: über 40.000, »alle mit lebendigen Geschöpfen bevölkert«)[51] – der Aufenthaltsort der Seelen nach dem Tode seien und daß solche Seelen interplanetarisch wandern, wobei sie sich immer größerer Vollkommenheit nähern. Interplanetarische Palingenesie: keine originelle Idee, sondern in verschiedenen Formen gang und gäbe in der europäischen Aufklärung von Thomas Wright bis Kant, von Herder bis Bonnet, von Lavater bis Bernardin de Saint-Pierre.[52] Doch ist Lessing einer der beharrlichsten Vertreter der Idee. Sein frühes Gedicht »Die lehrende Astronomie« (1748) versichert, daß die Seele nach dem Tode »frey von der Last der Erde, / In wachsender Glückseligkeit, / Einst beßre Welten sehen werde!« »Beßre Welten« – das sind, belehrt uns das Gedicht, tugendhaftere Welten oder auch wahrheitsvollere oder glückseligere: die Lebewesen in ihnen repräsentieren höhere Bewußtseins- oder Entwicklungsstufen in einem von Gott geschaffenen Kosmos (I, 124-126). Höheren Bewußtseinsstufen entsprachen in der *Erziehung des Menschengeschlechts* andere Religionen, auf dieser Erde zwar;

doch andere Religionen in die kosmischen Welten zu projizieren: das war spätestens seit dem 16./17. Jahrhundert geläufig, wenn auch nicht eben dogmatisch korrekt (s.o. S. 22). So wären wir also auch in diesem Horizont wieder beim Thema Toleranz: wenn *höhere* Bewußtseinsstufen als die auf *unserm* Planeten im Kosmos als gottgewollt und vorsehungsgeleitet angenommen werden wie also auch bei Lessing, dann sind es vielleicht *wir*, die zu tolerieren wären in unserem zurückgebliebenen, vielleicht barbarischen Zustand. (Alexander Pope glaubte im *Essay on Man*: auf einer anderen Welt im Kosmos würde man einen Newton vorführen wie wir einen Affen auf dem Jahrmarkt [II, 31-34]; in Edward Youngs *Night Thoughts* hört man von den »nobler natives« anderer Planeten [IX, 1607]; Barthold Hinrich Brockes fürchtete im *Irdischen Vergnügen in Gott*, solche kosmischen Menschengeschlechter könnten »uns« für dümmer als Fische halten [VI, 322] – dies die Sicht von Hamburg, schon damals ein bedeutender Fischereihafen.)

Lessing geht auf diesen den Menschen relativierenden Gedanken in der Frühzeit nicht ein. Aber kurz vor seinem Tode, als ihn die Toleranz beschäftigt wie nichts anderes, kann ihm dieses Problem, das sich im kosmischen Horizont der Mehrheit bewohnter Welten für die Toleranz stellt, nicht verborgen geblieben sein. Damals hat er in seinem Haus, wie gesagt, Swedenborgs *De telluribus*, eine Pluralitätsspekulation, die alle Himmelskörper mit Seelen ausstattet. Hier wird das Toleranzproblem gespürt, doch Swedenborg neutralisiert es durch einen theologischen Kraftakt: alle Seelen auf allen Gestirnen sind ähnlich wie im *Kosmotheoros* von Huygens auf derselben Bewußtseinsstufe, genauer sind sie alle christliche Seelen, ja mehr als das, sofern sie sich samt und sonders zur speziell Swedenborgschen Variante des Christentums bekennen. Da gäbe es also nichts Abweichendes zu tolerieren. Anders Lessing in seinem frühestens im Herbst 1778 formulierten eigenen »System«, wie er es nennt, in dem Fragment »Daß mehr als fünf Sinne für den Menschen seyn können« (vgl. Anm. 48). Mehr als fünf Sinne gibt es, sagt er dort, Gottes Plan gemäß in zukünftigen Zuständen der menschlichen Seele – ein abstruses Thema, scheint es. Doch der Connaisseur abstruser Themen sieht sofort: dies hat zu tun mit der Pluralität der Welten, nämlich mit (im Gegensatz zu Swedenborg) *verschiedenen* Bewußtseinsstufen der Seelen dort, und mit der interplanetarischen Wanderung solcher Seelen. Man kennt den Gedanken der Entwicklung von mehr als fünf Sinnen aus der Pluralitätsspekulation von Cyrano, Voltaire, Fontenelle und anderen, ganz besonders aber aus der von Charles Bonnet in seiner *Palingénésie* (1769): Migration der Seele von Planet zu Planet zu immer höheren Bewußtseinsstufen, deren Indizien die vermehrten Sinne sind als Instrumente der erhöhten Wahrnehmung. Im Unterschied zu Swedenborg, bei dem es nur christliche Seelen gab im bewohnten Kosmos, würde sich bei Bonnet also mit dem Verschwinden der spirituellen Gleichheit das Toleranzproblem stellen, im kosmischen Horizont. Frage also: stellt es sich analog auch bei Lessing in dem Fragment über die zukünftige Entwicklung von mehr als fünf Sinnen, das Bonnet so verwandt scheint? Leider brechen seine Aufzeichnungen über sein »System von der Seelenpräexistenz« und der Seelenwanderung[53] vorzeitig ab. Lessing nennt zwar antike und orientalische Gewährsmänner, nicht aber Bonnet. Doch über diese Enttäuschung hilft uns eine kleine Überraschung hinweg: zu Jacobi sagte Lessing 1780 in seinem berühmten Gespräch über Gott und die Welt u.a. auch dies: daß er gerade ein Buch »nachläse«, dessen »Ideen« »sehr zusammenträfen« mit seinem eigenen philosophischen »System« (wieder das Wort aus dem Fragment über mehr als fünf Sinne), nämlich mit seinen eigenen »Ideen« über die »Fortdauer des Menschen nach dem Tode«.[54] Das Buch? Die *Palingénésie* von Bonnet! Bonnets *Palingénésie* enthielte daher Lessings »System«, das in dem Fragment entworfen wird. (Alexander Altmann ist aufgefallen, daß Lessing das Wort »System« nur dann verwendet, wenn er von der Seelenwanderung spricht.)[55] Wie also stellt sich hier, bei Bonnet, das Toleranzproblem, das sich als Herausforderung ergibt aus der Annahme verschiedener Bewußtseinsstufen nicht auf dieser Erde (wie in der *Erziehung des Menschengeschlechts*), sondern in planetarischen Welten im Kosmos?

Eine gewisse Analogie zur *Erziehung des Menschengeschlechts* ist gar nicht zu verkennen. Ebenso wie dort die Entwicklung der Stufenfolge der Bewußtseinsstadien oder Religionen auf unserem Planeten von Gottes wohlwollender Vorsehung geleitet wird, so daß Intoleranz gegenüber Gottgewolltem gar nicht erst aufkommen kann, so auch in Bonnets »System« die Entwicklung oder der Aufstieg der Seele des Menschen von ihrem Zustand auf unserem Planeten zu immer höheren Bewußtseinszuständen (mit verfeinerten und vermehrten Sinnen, wohlgemerkt) auf anderen Planeten im Weltraum bis hin zur höchsten spirituellen Vollkommenheit. Das höchste Stadium dieses Ferntourismus der Seele, dessen Reiseroute Gott persönlich festgelegt hat, ist die quasi-christliche Verklärung der Seele in der Aura des Schöpfergottes, im »himmlischen Jerusalem«, wo die Seele sich in höchster Tugendhaftigkeit, Seligkeit und Gottesliebe unter die Engel einreiht[56] – vergleichbar dem Endstadium im *Nathan* »über tausend tausend Jahre«. *Bis dahin* ist auch bei Bonnet, in kosmischer statt terrestrischer Perspektive, die respekt- und ehrfurchtsvolle Toleranz gegenüber allen gottgewollten Stufen des Lebens das selbstverständliche Gebot, ja Inbegriff der Moral – um so mehr, als »wir« eher unvollkommen sind, der »nouvelles Vérités« späterer Stadien noch nicht teilhaftig, sie höchstens »par un Verre obscur« ahnen.[57]

Das also wäre auch Lessings »System«. Das frühe Gedicht »Die lehrende Astronomie« bestätigt es bereits im voraus: Gott hat seine Hand im Spiel im Aufstieg der Seele zu immer höheren Bewußtseinsstufen, zu größerer Tugend auch und Glückseligkeit in jenen angenommenen Planetenwelten des Kosmos. Alle Stufen (Religionen in dem Sinne) sind von der Vorsehung bestimmt, von Gott gewollt, auch die weniger perfekten, die Gott schuf, um »der Dinge Reihen zu erfüllen«. Wie also könnte auch bei Lessing, wie bei Bonnet, Gottgewolltes *nicht* toleriert werden – im Kosmos ähnlich wie, gemäß der *Erziehung des Menschengeschlechts*, auf der Erde? »Herr der Welt« ist kein Menschengeschlecht im Kosmos, heißt es in »Die lehrende Astronomie«. Dem »Weisen« ist daher »Demuth« angemessen, mit anderen Worten: Selbstrelativierung, Geltenlassen, Toleranz. »Und die lernt er bey euch, ihr Sterne! / Und wird nur groß, weil er euch kennet« (I, 124-126). Astronomie (als Wissenschaft von der *pluralité des mondes*) ist die Hohe Schule der Toleranz! Gerade die Perspektive auf gottgewollte Stufen größerer Vollkommenheit im Kosmos läßt ebenso gottgewollte Religionsdifferenzen auf unserem Planeten geringfügig erscheinen, und um so tolerierbarer. Über allem waltet schließlich die Vorsehung, auf der Erde und im Kosmos. »Geh deinen unmerklichen Schritt, ewige Vorsehung«, »was habe ich denn zu versäumen?« (XIII, 434, 436). Das Vertrauen auf eine solche pädagogische Vorsehung impliziert nicht zuletzt eine Aufforderung zur Toleranz,[58] bekräftigt durch die kosmische Perspektive. Folglich gäbe es nichts Untolerierbares: *alle* Religionen sind gottgewollt, vorgesehen im transzendenten Heilsplan.

Aber wie, wenn die Vorsehung nicht überall herrscht; wie, wenn der Zufall *auch* sein Regiment führte oder die Vorsehung sich gar als Zufall entpuppte? In Lessings Zeit ist das ein geläufiger Gedanke. »Seine Majestät« der Zufall (»Hazard«) als Weltregent – kein geringerer Regent als Friedrich der Große war von dem Gedanken angetan. Und Lessing selbst nicht weniger, der Glücksspieler Lessing. Die Zeitgenossen schüttelten den Kopf darüber, daß er sich auf Reisen nicht für Nützliches interessierte wie Hebammenschulen oder Blitzableiter, für die sich ein normaler Mensch doch interessiert, sondern für Spielkasinos. Alexander Daveson, in dessen Armen Lessing starb, war übrigens Lessings Lotterieagent (was Theologen offenbar nicht bemerkenswert finden), und ganz kurz vor seinem Tod soll Lessing noch eine Lotterienummer gewählt haben: Nr. 52, weil er gerade eben 52 geworden war.[59] Es ist zwar nicht bekannt, ob 52 im Jahre 1781 eine Glücksnummer war; bekannt und wissenswert ist jedoch: als Lessing in dem Fragment über mehr als fünf Sinne den gottgewollten Entwicklungsgang von einem zu fünf und dann zu mehr Sinnen beschreibt, der uns also bevorsteht in immer neuen Inkarnationen auf anderen Himmelskörpern, da verwendet er Fachausdrücke des Lotteriespiels,[60] dem er ergeben war wie vielen anderen Arten des Glücksspiels: Amben, Ternen und Quaternen – also doch eher Zufall als Vorsehung? Schon der junge Lessing spielt mit dem Gedanken, doch ist ihm der Zufall damals ein Horror (I, 239, 245), ähnlich noch dem späten, dem frommen Deterministen, der Gott dafür dankt, »daß ich *muß*; das *Beste* muß« (XII, 298). Und doch ist der Zufall immer wieder eine Denkversuchung, die ihn von früh bis spät in Furcht und Hoffnung fasziniert: das Leben als Kartenspiel.[61] Von göttlicher Vorsehung (an die zu glauben Lessing, hört man aus berufenem Munde, niemals aufgegeben habe)[62] keine Spur in solchen Momenten! Oder aber wäre das, was der Spieler Zufall nennt, nur die unverstandene Vorsehung – den Gedanken, denkwürdig formuliert in Popes *Essay on Man*, kennt auch Lessing, besonders als Theoretiker der Tragödie; und so belehrt ja auch die Gräfin Orsina in *Emilia Galotti* den Höfling Marinelli, und manche Theologen[63] lassen sich gern von der Orsina belehren: gern, aber mit zu Herzen gehender Leichtgläubigkeit, denn unter Vorsehung versteht die sitzengelassene Nobelmätresse ja nichts anderes als ihre eigenen Rachepläne! Die Welt des Spielers ist *nicht* die der Vorsehung: in der Welt des Spielers ist alles möglich und nichts wahrscheinlich, und alles kann auch anders kommen unter dem wechselvollen Mond. So glaubt Lessing, er sei »immer das Spiel des Zufalles« (XVII, 199). Und vom Zufall beherrscht ist der Theorie zum Trotz die Welt seiner Dramen; im Drama vergewissert er sich des Zufallscharakters aller Wirklichkeit – in der Hoffnung, enttäuscht zu werden?

Mit diesem Gedanken (Vorsehung oder nicht doch vielmehr Zufall?) nähern wir uns dem letzten Horizont, in dem Lessings Toleranz sich profiliert. Oder kommen in diesem Horizont, dem providentiellen oder (heils)geschichtlichen, nicht vielmehr die *Grenzen* seiner Toleranz in den Blick, nachdem die bisherigen Horizonte eher deren Grenzenlosigkeit garantierten?

5. »Die Ökonomie des Heils«: Toleranz historisch

Wieso Grenzen? Unter der Voraussetzung der universalen Vorsehung ist prinzipiell alles, was ist, gottgewollt und gerechtfertigt und zu tolerieren, also auch jede Religion. Unter der Voraussetzung des universalen Zufalls wäre prinzipiell nichts durch Gott gerechtfertigt; es wäre vielmehr alles, auch jede Religion, durch menschliches Urteil zu validieren und dementsprechend zu tolerieren oder auch nicht zu tolerieren. Nun ist das bei Lessing nicht immer eine Sache des Entweder-Oder: alles, was geschieht, ist nicht *entweder* Wirkung der Vorsehung *oder* Spiel des Zufalls – so sehr Lessing als Spielernatur mit diesem Gedanken eben »spielt«. Es gibt für Lessing beides, jedenfalls putativ, als Denkmöglichkeit. In der *Erziehung des Menschengeschlechts* gibt es neben dem Christentum bestimmte weniger fortgeschrittene Religionen, nämlich die verschiedenen Stadien des Judentums: diese sind mühelos, wenn auch nicht ohne Arroganz, zu tolerieren, als Vorstufen, als kindliche Phasen, weil sie im Vorsehungsplan eben doch vorgesehen sind, nämlich teilhaben an der progressiven göttlichen Offenbarung.[64] Ähnlich im *Nathan*: »vorgesehen« sind drei Religionen. Wer würde schon jetzt den Richter über die konkurrierenden Religionen spielen wollen, erkennt Saladin, wenn doch erst am Ende der Geschichte oder Heilsgeschichte klar werden wird, welche der Religionen – oder ob überhaupt eine – einen Vorsprung vor den anderen hat: also sind alle drei zu tolerieren als prinzipiell gleichrangig (III, 95). Es gibt nun aber, wie angedeutet, im *Nathan* auch Religionen, die nicht für konkurrenzfähig gehalten werden in dem großen Wettlauf über die nächsten tausend tausend Jahre: Parsismus und Hinduismus werden namentlich genannt; sie brauchen offenbar nicht toleriert zu werden im Goetheschen Sinn der Anerkennung als Zugeständnis möglicher Wahrheitshaltigkeit, sondern allenfalls im Sinne des Gewährenlassens des Irrtums. Und es gibt in der *Erziehung des Menschengeschlechts* entsprechend auch die Religionen, die abseits vom Heilsweg, vom geschichtlichen Gang der Vorsehung liegen, nicht providentiell sanktioniert sind: die im Text eigens genannte ägyptische, die chaldäische und die persische Religion, dazu viele andere nicht näher bezeichnete »Abgöttereyen« und »Götzen«-Dienste der

»Heiden«. Lessings Vorsehung jedoch spricht, wenn sie sich unmittelbar kundtut, nur Hebräisch, Griechisch und Deutsch; und man kann nicht sagen, daß Lessing in der *Erziehung des Menschengeschlechts* Religionen aus der Zeit vor dem ersten Akt oder »Schritt« der völkerpädagogischen Vorsehung (§ 54) und Religionen außerhalb von deren Wirkungsbereich so anerkennt, wie er Frühformen des providentiell sanktionierten Judaismus anerkennt: jene Glaubenssysteme sind schlicht »Irrwege« (§ 7). Lessing befindet sie nicht würdig, an der großen Heerstraße des Herrn der Vorsehung oder der Heilsgeschichte zu liegen. Sind sie, der Logik des Gedankens entsprechend, ebensowenig zu tolerieren wie die Religionen der von Lessing (im Gegensatz zu Montaignc, Lichtcnbcrg und Forster) so wenig geschätzten Kannibalen? Stimmt es denn wirklich, daß, wie man immer wieder liest,[65] *alle* Religionen für Lessing im Grunde vernünftig und daher tolerierbar seien? Doch sicher nicht der Götzendienst und die Abgötterei der »heidnischen Völker«, die in der Erziehungsschrift so verächtlich gemacht werden (§ 21, 39, 40f.). Und wie steht es mit dem »Aberglauben« der Zeitgenossen, der bei Lessing so oft vorkommt, gegen den er schon als junger Mann, auf Balthasar Bekkers Spuren, und dann immer wieder zu Felde zieht (XVII, 44). Tolerierbar? Doch wohl kaum im Sinne der Anerkennung eines potentiellen Wahrheitsgehalts.

Auf »Irrwegen« befinden sich die nicht von der Vorsehung geförderten Religionen also. Aber sagt der »Vorbericht des Herausgebers« der *Erziehung des Menschengeschlechts* von den »Religionen«, über die wir »entweder lächeln, oder zürnen«, nicht unmißverständlich, nämlich rhetorisch fragend: »Gott hätte seine Hand bey allem im Spiele: nur bey unsern Irrthümern nicht?« (XIII, 415). Folglich waltete Gottes Vorsehung auch über den, wie es bisher schien, abqualifizierten Religionen?

Zunächst: Lessing spricht hier genauer von »allen positiven Religionen«, also Offenbarungsreligionen. Außerhalb der Providenz wären mithin alle nicht positiven Religionen. Sind das alle außer dem Judentum und dem Christentum, die in der *Erziehung des Menschengeschlechts* als Offenbarungsreligionen eingeführt werden? Daß die mohammedanische und eine nicht näher spezifizierte chinesische Religion »geoffenbart« seien, meinte Lessing zwar

1760 (VIII, 242), aber gilt das noch in der Zeit der *Erziehung des Menschengeschlechts* (wo sie nicht vorkommen)? Dort nennt Lessing die Offenbarung, die den Juden zuteil wird, nachdem die Völker sich lange auf »Irrwegen« befunden haben, einen »neuen Stoß«, der in »eine bessere Richtung« weise oder führe (§ 7). Neu? Dann wäre schon vorher ein Stoß geschehen. Damit könnte nur gemeint sein, daß (so der vorausgehende Paragraph) »der erste Mensch mit einem Begriffe von einem Einigen Gotte sofort ausgestattet wurde«, einem Begriff, der »mitgetheilt, und nicht erworben« sei. Das hieße: alle Völker seien einer solchen Offenbarung und Vorsehung Gottes teilhaftig. Aber das wäre nicht nur eine Wortspielerei mit einem Gemeinplatz (Geborenwerden ist nicht Erziehung, angeborene Ideen sind nicht Offenbarung). Die entscheidende Frage wäre: sind *alle* Völker auch Objekte von Gottes progressiver Erziehung durch weitere Stufen der Offenbarung, die also Offenbarung im eigentlichen Sinn darstellten? Eindeutig nicht, denn das waren nur die Juden, denen Jahwe und dann Christus offenbart wurden. Entsprechend bezeichnet Lessing die christliche Offenbarung als »den zweyten großen Schritt der Erziehung« (§ 54) – der erste wäre also die Offenbarung an Moses, nicht etwa die Begabung Adams mit göttlicher Vernunft! Zwar korrigiert Gott durch seinen offenbarenden Eingriff in die Geschichte die »Irrwege« der *vor* der Zeit des brennenden Dornbuschs lebenden Völker, aber von dieser Korrektur profitieren diese selbst nicht, sondern nur *ein* solches Volk, die Juden. Dieser Status mag nun die Religionen vor und außerhalb der Offenbarung an Moses nicht einem kategorisch sinnfreien »Zufall« überlassen, der für Lessing, wie gesagt, kaum mehr als eine persistente Denkversuchung ist, aber doch einem Bereich der Kontingenz ohne die unmittelbare fürsorgliche Leitung durch Gott. Das wäre ein Bereich, der sich deutlich unterscheidet von dem, wo die weiterschreitende Vorsehung waltet und sinnvoll lenkt. Die Nicht-Offenbarungsreligionen in diesem Sinne (vor Moses und außerhalb des Judentums, dann auch des Christentums) befänden sich im Abseits, weiterhin tappend auf den »Irrwegen« der bloßen Vernunft (§ 7). Sie besäßen nicht eine Dignität, die vergleichbar wäre mit der jener bevorzugten Glaubenssysteme, die durch Offenbarungs-«Stöße« vorangebracht wurden. Nur ein »Theil des Menschengeschlechts« wurde für den

»Erziehungsplan« ausersehen (§ 54), wurde »gewählt« (§ 8). Dem »Kind der Erziehung« steht das »heidnische« »Kind der Natur« gegenüber (§ 21). Und wenn Lessing auch einmal »Natur« und »Vorsehung« quasi gleichbedeutend verwendet (§ 90f.), so gilt hier (in § 21 und auch in § 77) jedoch, daß das der Vernunft überlassene Kind der Natur das Kind der Erziehung (den Empfänger der Offenbarung) »nie« einholen werde. Es bleibt bei zwei Gruppen. Eine Gruppe ist unverkennbar benachteiligt, »sich selbst überlassen«, nämlich seiner Vernunft, der die Offenbarung nicht auf die Sprünge hilft (§ 4) – nicht »erwählt« (§ 20). Wenn schon die der Offenbarung teilhaftig gewordenen Juden, in der Sprache der die ganze *Erziehung des Menschengeschlechts* bestimmenden Metapher, die »Kindheit« in der Religionsentwicklung darstellen (§ 16), so sind die Exoten – die Völker außerhalb des »neuen«, eigentlich ersten »Stoßes« und vor ihm – sozusagen lebenslang unmündig, trotz aller von Lessing zugestandenen Fortschritte ihrer Vernunft. Daß ihnen als Religionsträgern nicht dieselbe anerkennende Toleranz oder Achtung zusteht wie etwa dieser oder jener jüdischen Glaubensspielart oder christlichen Konfession, dürfte auch nach der in diesem Exkurs versuchten Modifizierung des Schemas Vorsehung vs. Zufall einleuchtend sein.

Aber wie verträgt sich das Konzept einer solchen Zwei-Klassen-Welt mit Lessings Aufgeschlossenheit für die Fremden und ihre Religionen, die beim Abschreiten des ersten, des globalen Horizonts in Sicht kam? Lessing scheint den Widerspruch selber bemerkt zu haben: geht es denn nicht um die Erziehung des »ganzen Menschengeschlechts« (§ 22)? Lessing hilft sich hier mit zwei Gedanken.

Erstens glaubt er zu wissen, Gott habe die »Kinder der Erziehung«, Juden und Christen, ausersehen zu »Erziehern aller übrigen Völker« (§ 18). Damit würden diese also doch der Offenbarungen teilhaftig (und der berühmte Widerspruch von § 4 und § 77 bzw. 21 hinsichtlich der Frage, ob die nur mit Vernunft ausgestatteten Kinder der Natur jemals das von der Offenbarung vermittelte Stadium erreichen könnten, ausgeglichen). Das ist jedoch eine futuristische, utopische Perspektive; sie hat nur begrenzte Brauchbarkeit in der Erörterung der Frage der Toleranz für andere Religionen in Lessings Gegenwart. Schließlich hatte Lessing Reimarus' Erinnerung aufgegriffen, daß zu seiner Zeit noch Millionen Menschen ohne Wissen vom Christentum (oder Judentum) lebten. In der *Erziehung des Menschengeschlechts* konzediert er selbst, das Christentum habe nur »unter mehrern Völkern« Verbreitung gefunden, nicht unter allen (§ 62). Die hypothetische Zukunftsperspektive, die also aus Kindern der Natur *in theologicis* doch Kinder der Erziehung – aus zweiter Hand (!) – machte, bleibt eben das: *Zukunfts*vision. In der Frage der Toleranz in Lessings Gegenwart (und nur darum geht es) bleibt mithin nach wie vor in Geltung: die Exoten (obwohl vielleicht durch eine Vorsehung sozusagen aufgeschobener, mittelbarer, sekundärer Art in zeitlicher Ferne zur Erziehung durch die Erwählten, die unmittelbar Erzogenen, bestimmt) haben vorderhand, in Lessings Zeit, in ihrem generell zurückgebliebenen Zustand, noch keinen Anspruch auf prinzipielle Gleichstellung mit den Vertretern der Vorzugsreligionen im Sinne der Anerkennung des möglichen Wahrheitsgehalts ihrer Religionen. Eine Grenze der Toleranz bleibt; Toleranz kann logischerweise nicht dem »ganzen Menschengeschlecht« in gleicher Weise gelten – *noch* nicht. Hinzu kommt: Erziehung der »Heiden« durch die von Gott Erzogenen, Missionierung also, setzt eine Art von Nicht-Duldung der zu Erziehenden voraus.

Lessing scheint das Mißliche an seiner Erziehungshypothese selbst gespürt zu haben. So gibt er sich zum Ausgleich der »ungleichen Austheilung der Güter dieses Lebens« (§ 28) mit der Idee der späteren Erziehung der Unerzogenen durch die von Gott selbst Erzogenen nicht zufrieden: Gottes globale Gerechtigkeit, die ihm in den »Gegensätzen« so am Herzen gelegen hatte, wird *so* nicht plausibel im Hinblick auf die Frage der Toleranz.

So hilft Lessing sich kurz vor dem Ende seiner Schrift *zweitens*, wie angedeutet, mit der Hypothese der Wiederkehr der Seele auf dieser Erde in jeweils geistig fortgeschritteneren Inkarnationen, um den Eindruck der Willkür der Vorsehung oder ihrer Unachtsamkeit für manche Religionen zu zerstreuen: »Warum könnte jeder einzelne Mensch auch nicht mehr als einmal auf dieser Welt vorhanden gewesen seyn« (§ 94), nämlich als Gläubiger verschiedener, immer höherer Religionen? Jeder Mensch, also auch der »Götzen«-Diener? Wird derart wirklich das *ganze* »Menschengeschlecht«, werden die Anhänger *aller* Religionen derart von der Vorsehung erzogen? Das ist keineswegs eindeutig (obwohl es oft versichert wird). Genau genommen, ist unter »Erziehung« doch nur die Entwicklung vom Judentum zum Christentum und darüberhinaus zum »neuen ewigen Evangelium« der Zukunft zu verstehen. Denn Lessing bringt den zitierten Gedanken der Wiederkehr der Seele auf dieser Erde als Antwort auf die Frage: ob »jeder einzelne Mensch« »in eben demselben Leben ein sinnlicher Jude und ein geistiger Christ gewesen seyn« könne und schließlich sogar »beyde überhohlet haben« könne (§ 93). »Jeder einzelne Mensch« in der rhetorischen Frage: »Warum könnte jeder einzelne Mensch auch nicht mehr als einmal auf dieser Welt vorhanden gewesen seyn?« ist also effektiv nur jeder einzelne im jüdisch-christlichen Kulturraum, in dem allein die »Vorsehung« wirksam ist. Man vermißt den Hinweis: diese Religionen würden nur als *Beispiele* genannt. Und wieso Beispiele, wenn es sich doch um die zwei (mit dem »ewigen Evangelium« drei) Stadien der Offenbarung handelt, die überhaupt zur Sprache gebracht werden. Nicht nur das: Lessing *wiederholt* die Nennung der beiden historischen Stadien gleich noch einmal, wie um ja kein Mißverständnis aufkommen zu lassen:

> Warum könnte auch Ich nicht hier bereits einmal alle die Schritte zu meiner Vervollkommung gethan haben, welche blos zeitliche Strafen und Belohnungen den Menschen bringen können? [Judentum]
>
> Und warum nicht ein andermal alle die, welche zu thun, uns die Aussichten in ewige Belohnungen, so mächtig helfen? [Christentum] (§ 96f.).

Die anderen Religionen mit ihrem Aberglauben und »Götzen«-Dienst bleiben außerhalb; sie sind *implicite* keine Kandidaten für die Seelenwanderung; bei *ihren* »Irrtümern« hat die Vorsehung die Hand *nicht* im Spiel, jedenfalls, wie gesagt, nicht zu *ihrem* Vorteil, sondern nur bei denen der beiden »positiven«, nämlich »geoffenbarten Religionen«,[66] ganz als hätte Gott mit deren Irrtümern schon genug zu tun. Man hat, wie bei dem Konzept der Erziehung der Exoten durch die von Gott Erzogenen, ein ungutes Gefühl auch hier, bei dieser Beschränkung der Seelenwanderung auf Judentum und Christentum. Ebenso, wenn Lessing in einer seiner besonnensten Schriften, in den *Axiomata*, dem »ehrlichen Layen« recht gibt, der

»einsieht« (!), daß die christliche Lehre für »Gott anständiger, und dem menschlichen Geschlechte ersprießlicher« ist »als die Lehrbegriffe aller andern Religionen« (XIII, 132).

So weit, so klar, wenn auch nicht gut: es gibt das Reich der Vorsehung und das Reich des Kontingenten als das Reich der Nicht-Vorsehung jenseits davon – hier Moses, Jesus, Lessing, dort die Heiden; hier die Tolerierbaren, dort die allenfalls herablassend als Irrende zu Tolerierenden (jedenfalls vorläufig, nämlich bis die Erziehung der Heiden durch die von Gott Erzogenen und durch die Palingenesie, falls diese wider Erwarten doch »jedem Menschen« zuteil werden sollte, Kontingenz und Vorsehung zusammenfallen lassen: hypothetisch, am Ende der Zeit). Das ist so oder so weit entfernt von heutigen Vorstellungen von »correctness«, von unserem Umgang mit »diversity« und unserem Respekt vor dem »anderen« in multikultureller Zeit, in der die jeweils Fremden sich auch räumlich näher gerückt sind. (Wer spricht heute noch von Götzendienst oder Abgötterei? Gibt es überhaupt Äquivalente in der Sprache der Gegenwart?) Weit entfernt ist das aber auch von Lessings eigenen großzügigeren und weniger spekulativen Positionen, besonders im Hinblick auf die Mohammedaner. Soweit die Exoten.

Nun haben aber auch Christen Lessing der Intoleranz (gegen ihr Christentum) beschuldigt, selbst den Verfasser des *Nathan*.[67] Und hat sich der Hamburger Hauptpastor Johann Melchior Goeze nicht auch ein bißchen mit Recht über Lessing beklagt?[68] Erstreckt sich etwa das abgewertete Reich der Kontingenz, abseits vom Gang der Vorsehung, von den Menschenfressern bis zur Hamburger Katharinenkirche? Ist die Vorsehung dort *nicht* am Werk? Im Unterschied zu seiner sonstigen Aufgeschlossenheit weiß Lessing ja manchmal denn doch sehr bestimmt Bescheid, was richtig ist und was falsch, was »die rechten Begriffe [sind], die wir von Gott haben müssen«, und was »bessere Begriffe vom göttlichen Wesen« sind (XIII, 423, 432) und »wohin der wahre Weg geht« (XIII, 393). Er weiß folglich auch, wer recht hat und wer nicht, und er kann, selbstgewiß im Besitz der »Wahrheit«, dementsprechend auch den unfehlbar erkannten »Irrthum« oder auch die »Unwahrheit« leidenschaftlich »hassen«.[69] Auf einmal kann Lessing selbst nicht irren; und er kann *nicht* alles gelten lassen, wenn er die Wahrheit Gott empfohlen sein läßt. Den

Irrtum der anderen also kann er nicht gelten lassen, nicht tolerieren, ganz wie Zedler, anders als Bayle. Goeze zum Beispiel hat *nicht* recht, ebensowenig wie der Kannibale und die »rohen Völkerschaften« der *Erziehung des Menschengeschlechts*, die ihre »armseligen Götzen« verehren (XIII, 423): »Wenn ich Ihnen in dem geringsten Dinge, was mich oder meinen Ungenannten angeht, Recht lasse, wo Sie nicht Recht haben«, so schreibt Lessing, öffentlich und im Sperrdruck, »dann kann ich die Feder nicht mehr rühren« (XIII, 103). Man spürt: auch im Streit innerhalb der vorsehungsgeförderten Religion herrscht nicht gerade der tolerante Ton des weisen Richters im *Nathan* – eher schon der Ton der historisch bezeugten lutherischen Intoleranz.[70] Es fehlt Lessing dic Gclassenheit eines Lichtenberg, der Gott dafür dankte, daß er ihn zum Atheisten habe werden lassen;[71] Lessing ist streitbar, auch streitlustig (XVIII, 101, 356). Eins der neusten Lessing-Bücher kreidet ihm das scharf an als Mangel an Redlichkeit und an Willen zur Wahrheitssuche.[72] (Kaum fair in dieser Form, scheint mir; doch auch sonst wird Lessings Toleranz neuerdings mit einem Fragezeichen versehen.)[73] Eher als an Lichtenberg denkt man bei Lessings scharfem Ton gegenüber anders Denkenden und Handelnden (vgl. auch S. 54-56) an Brechts Appell »an die Nachgeborenen«: »Wir / Die wir den Boden bereiten wollten für Freundlichkeit / konnten selber nicht freundlich sein.«

Um hier zu urteilen, ist zu fragen: wogegen genauer, wäre Lessing intolerant, innerhalb der vorsehungsgeförderten christlichen Religion? Lessing ist intolerant gegen Intoleranz, hat man nach bewährtem Prinzip gesagt[74] (also intolerant etwa gegen den Patriarchen im *Nathan*). Das stimmt, besonders im Fragmentenstreit (was denn sonst, wenn nicht Intoleranz, verdammt Lessing dort?). Aber diese Formel bleibt im Formalen stecken, solange sie nicht präzisiert und kontextualisiert wird. Es bleibt die Sachfrage: Lessing ist intolerant in bezug worauf? Ist er intolerant vielleicht, wenn religiöse Vorstellungen jenes sittliche Handeln hindern, in dem er im *Nathan* und sonstwo die Funktion und die Leistung der Religionen sieht, und damit den Wert, der jeder Kultur den Grund legt? Daran ist sicher etwas. Man denke an die Lektion, die Nathan ziemlich rechthaberisch seiner Tochter Recha erteilt. Der Tempelritter hat Recha aus dem brennenden Haus ihres Vaters gerettet. Recha glaubt diese Rettung einem

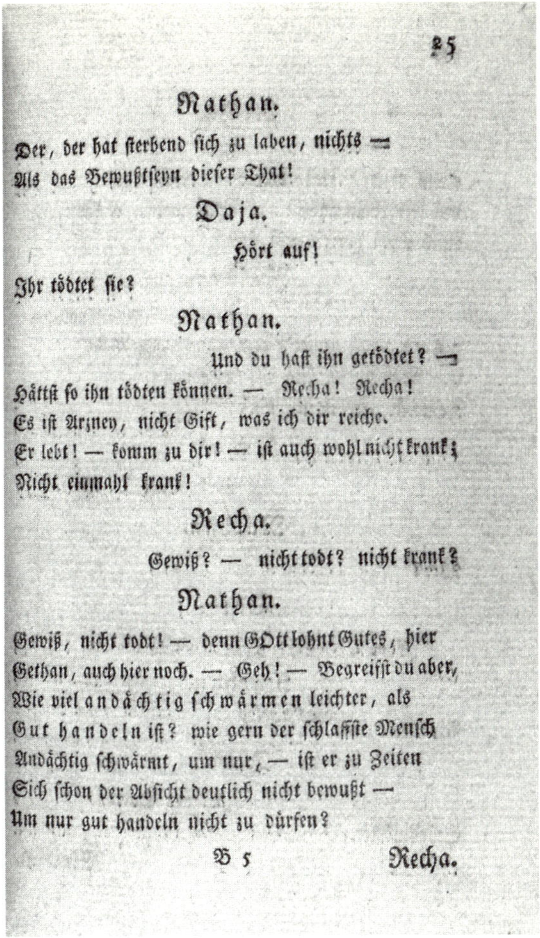

25

Nathan.

Der, der hat sterbend sich zu laben, nichts —
Als das Bewußtseyn dieser That!

Daja.

Hört auf!
Ihr tödtet sie?

Nathan.

Und du hast ihn getödtet? —
Hättst so ihn tödten können. — Recha! Recha!
Es ist Arzney, nicht Gift, was ich dir reiche.
Er lebt! — komm zu dir! — ist auch wohl nicht krank;
Nicht einmahl krank!

Recha.

Gewiß? — nicht todt? nicht krank?

Nathan.

Gewiß, nicht todt! — denn GOtt lohnt Gutes, hier
Gethan, auch hier noch. — Geh! — Begreifst du aber,
Wie viel andächtig schwärmen leichter, als
Gut handeln ist? wie gern der schlaffste Mensch
Andächtig schwärmt, um nur, — ist er zu Zeiten
Sich schon der Absicht deutlich nicht bewußt —
Um nur gut handeln nicht zu dürfen?

B 5 Recha.

›Nathan‹, Erstausgabe, 1779, 1. Aufzug, 2. Auftritt.

Engel zu verdanken, den Gott ihr zur Hilfe geschickt habe. Nathan setzt ihr den Kopf zurecht: rein menschliche, sittliche Tatbereitschaft sei am Werk gewesen – kein Grund, an ein Wunder, an einen Eingriff aus der Transzendenz, zu glauben. Die Lektion ist: »Wie viel *andächtig schwärmen* leichter, als / *Gut handeln* ist« (III, 18) – aber intolerant erteilt. Warum so intolerant? Weil Religiosität ethisches Handeln um sein Recht und seine Ehre bringen kann. Ethisches Handeln aber steht – jedenfalls »tausend tausend Jahre« lang – höher als transzendente Wahrheit oder Offenbarung. (Ob diese überhaupt nötig sei, ist eine Gretchenfrage, mit der es Lessing nicht eilig hat. Jedenfalls betreibt er keine explizite und kategorische Reduktion des Religiösen aufs Moralische, so unmißverständlich er auch unmoralische Formen der Religiosität verurteilt [s. u. S. 52f., 54, 58f.].)

Also: diese *Nathan*-Stelle berührt sicher *eine* »Grenze« der Toleranz Lessings,[75] einen neuralgischen Punkt, an dem die religiöse Duldung aufhört. In der Kontroverse mit Goeze mag man hier und da daran erinnert sein, besonders wenn Lessing dem auf seine dogmatische Korrektheit pochenden Hauptpastor seine unmoralischen Taktiken vorhält, die den Bibliothekar um Amt und Ehre bringen sollen: derartiges, nämlich Verleumdung, Erpressung, gewaltpolitische Manipulation, Aufhetzung (heute fügen wir hinzu: *hate speech*) zu tolerieren und nicht »höhnend«, »verachtend« zu reagieren, so zitiert Lessing ausgerechnet einen Kirchenvater, sei falsche Frömmigkeit, nicht Tugend: »in qua tolerantem esse, impietas sit, non virtus.«[76] Toleranz gegenüber der Unmoral, gegenüber dem *nicht* »gut handeln« Nathans, wäre ihrerseits Unmoral, wäre selbst *nicht* »gut handeln«, Intoleranz im Dienst des menschlichen Anstands hingegen eine Tugend. Und »moralisches« Verhalten nimmt gerade der »intolerante« Lessing im Streit mit Goeze, den er »capot machen« will (XVIII, 277), denn ja auch energisch für sich in Anspruch (XIII, 153).

Nun richtet sich der intolerant scharfe »Ton« (XIII, 207) aber nicht immer nur *ad personam*, gegen den persönlichen (und ihn selbst bedrohenden) Mangel an jenem ethischen Verhalten, das für Lessing das *sigillum veri* der Religion ist (»vor Gott und Menschen angenehm«). Diesen Ton schlägt Lessing auch an, wenn es um rein Theologisches geht, und zwar sowohl gegenüber der christlichen Orthodoxie wie auch gegenüber der aufgeklärten Neologie, die indirekt die christliche Orthodoxie stützt, indem sie diese philosophisch abzusichern hofft durch den Nachweis, daß der christliche Glaube, jedenfalls weithin, der Vernunfteinsicht entspricht (ohne zu ahnen, daß das Gebäude der Orthodoxie nur darum noch steht, weil sich die Termiten darin bei den Händen halten). In diesem Zweifrontenkrieg der letzten Jahre kämpft Lessing für das, was er für Wahrheit nicht *hält* (wie man seinem geistigen Habitus nach erwarten

Johann Melchior Goeze.
Kupferstich von Johanna Dorothea Philipp.

sollte), sondern für das, was die Wahrheit *ist*. Und was Wahrheit *ist*, das weiß er ganz genau, besonders wenn es sich um »innere Wahrheit« handelt, die definitionsgemäß über jeden Nachweis erhaben ist, der hinausginge über Lessings Garantieerklärung: sie *sei* die Wahrheit (XIII, 128f.). So etwa, wenn er behauptet, sein von Goeze als zu beleidigend empfundener »Stil« beziehe »seinen Glanz« eben von »der Wahrheit«. »Wahrheit allein giebt echten Glanz« (sagt der Bibliothekar), auch »bey Spötterey und Posse« (XIII, 150). Der Wahrheitssucher ist auf einmal der Wahrheitsbesitzer. Besitz der Wahrheit macht bekanntlich, der *Duplik* und dem *Nathan* zufolge, intolerant – aber offenbar nur andere, besonders in Hamburg (sagt der Bibliothekar). Intolerant seinerseits wirkt aber, was Lessing gegen Orthodoxie und Neologie vorbringt. Er, der beteuert, er sei kein »Feind der christlichen Religion«, auch kein »heimlicher« (XIII, 142, 183), scheint gerade dies doch zu sein: er scheint das Christentum in diesen beiden derzeitigen Erscheinungsformen (die dem »gesunden Menschenverstand« entweder widersprechen oder ihn »bestechen« [XVIII, 227]) denn doch zu hassen, nicht zu tolerieren, nennt er es doch privat klipp und klar seinen »Feind« – wobei er, wie erwähnt, die Orthodoxie eigenartigerweise für tolerant hält, während die Neologie »intolerant« sei.[77] Lessing also doch, trotz seiner öffentlichen Loyalitätsbekundung und Selbstverharmlosung (»Nekkereyen oder Stänkereyen« [XVIII, 226], »Possen«, »Spötterey«) ein »Feind« des Christentums, ohne die gefeierte Toleranz?

Man höre ein paar briefliche Äußerungen und staune. Zunächst über die theologischen »Feinde«, die er »haßt« (XVIII, 109, 245). Lavater, der Mendelssohn die Pistole auf die Brust setzt: er solle entweder Bonnets Beweise für das Christentum widerlegen oder konvertieren, gehört ins »Tollhaus« (XVII, 310). Die doktrinären jülichbergischen Geistlichen, von deren Intoleranz eingangs die Rede war, verdienen es, »Sklaven einer grausamen Inquisition [zu] werden« (XVIII, 358); in England hätte man vielleicht gesagt: sie verdienten nicht, in Westminster Abbey begraben zu werden. Doch weiter, jetzt zu theologischen Positionen selbst statt zu Theologen, die sie vertreten: das Christentum verbreitet »abgeschmackte sinnlose« Vorstellungen, von der Hölle etwa (XVIII, 86). Daraus folgt: mag Lessing früher einmal die Absicht gehabt haben, dem »System der christlichen Religion einen grossen Dienst [zu] erweisen«, so hat er in den letzten Jahren die »gegenstehende Absicht«, nämlich »den Umsturz des abscheulichsten Gebäudes von Unsinn« zu betreiben, wenn auch »unter dem Vorwande, es neu zu unterbauen«.[78]

Solche Verurteilungen, die nur mit theologistischer Spitzfindigkeit als tolerant bezeichnet werden können, meinen, nicht immer

Etwas Vorläufiges
gegen
des Herrn Hofraths Leßings
mittelbare und unmittelbare
feindselige Angriffe
auf
unsre allerheiligste Religion,
und
auf den einigen Lehrgrund derselben,
die heilige Schrift,
von
Johan Melchior Goeze,
Hauptpastor an der St. Catharinen-Kirche
in Hamburg.

Hamburg.
Gedruckt und zu bekommen bey D. A. Harmsen.
1778.

Titelblatt der im April 1778 erschienenen Schrift. Die beiden ersten Kapitel waren Ende 1777/Anfang 1778 in den ›Freywilligen Beyträgen zu den Hamburgischen Nachrichten aus dem Reiche der Gelehrsamkeit‹ erschienen.

deutlich von einander geschieden, sowohl die bereits im Einstürzen begriffene Orthodoxie (oder »unser altes Religionssystem«) wie auch die Neologie, die den Einsturz verhindern will (XVIII, 101f.). Bekanntlich hat Lessing die beiden einmal unterschieden als »unreines Wasser« und »Mistjauche«, und zwar weniger bekanntlich im

Hinblick auf die Frage, womit Kinder denn zu baden seien (XVIII, 101). *Vive la différence*? Kaum. Anrüchig sind beide für Lessing, beide sind gleich »falsch« (XVIII, 101) und nicht zu gebrauchen, nicht zu tolerieren als potentiell wahrheitshaltig – vergleichbar mit den Mönchen, die nach einem Sprichwort, das im *Nathan* zitiert wird, des Teufels Kralle sind (III, 35), schlimmer vielleicht: des Teufels redegewandte Zunge. Und plausibel ist, daß auch in diesen zitierten Fällen der letzte Grund für Lessings Unwillen die *sittliche* Unzulänglichkeit dieser theologischen Positionen ist. Auf jeden Fall geht es wiederum um Intoleranz als Tugend, in seltenen, genau bestimmten Fällen.

Ein wenig vertrauter Lessing, der selektiv tolerante. Er tritt in Erscheinung in unserem dritten Horizont, dem der Geschichte. Geschichte ist in diesem Horizont das Wirken der Vorsehung. Wo sie wirkt, ist Toleranz am Platz. Die Vorsehung ist aber nicht überall am Werk. Außerhalb ihres Wirkungsbereichs, in dem sie Gottes Willen verwirklicht, gibt es anderes: nicht alles, was ist im religiösen Leben, ist für Lessing auch vernünftig oder sinnvoll – oder ohne weiteres tolerierbar. Außerhalb des jeweiligen historischen Wirkungsbereichs der Vorsehung gibt es erstens, nämlich abseits von ihrem Wege, die exotischen Glaubenssysteme, wie die ägyptischen oder das chaldäische: die kann Lessing auf sich beruhen lassen in Wolfenbüttel, damals. Außerhalb des Wirkungsbereichs der Vorsehung sind aber, so scheint es, auch alle jene Glaubenssysteme oder Varianten von Glaubenssystemen, die zwar auf dem Weg der Vorsehung liegen, aber wie Stolpersteine: die ihr Fortschreiten, ihren »Gang«, hemmen und Stagnation bewirken. Das sind im achtzehnten Jahrhundert die Orthodoxie und die Neologie, die sie stützt. Sie halten, in einem anderen Bild gesagt, nicht Schritt mit der Vorsehung, die vom brennenden Dornbusch über den Stall von Bethlehem zur Herzog August Bibliothek und darüber hinaus ihren »unmerklichen Gang geht« (einen Bogen um Goezes Kirche machend). Das erkennt Lessing in der *Erziehung des Menschengeschlechts* so beneidenswert klar auf seinem »Hügel«, der ihn zum geschichtlichen Weitblick privilegiert. Es ist ein Feldherrnhügel und Lessing der vorausschauende Feldherr, der erkennt, was dem vorbestimmten Fortgang der Schlacht oder des Kriegszugs förderlich ist und was nicht. Und was nicht, das wird als »Feind« bekämpft, vor allem natürlich die Vertreter der Orthodoxie und der Neologie, und zwar praktisch, pragmatisch letztlich aus dem Grunde, daß diese Feinde sich von ihrer Religion hindern lassen, menschlichen Anstand zu üben, daß sie also der Moral im Wege stehen, die, wie gesagt, das Wahrheitskriterium der Religion ist und das ideale, utopische Fernziel des »neuen ewigen Evangeliums«[!]: »die Tugend um ihrer selbst willen [...] lieben«, »das Gute thun [...], weil es das Gute ist« (XIII, 433). Aber soll man daraus nun auch schließen, daß jene nicht-jüdischen und nicht-christlichen Religionen, die, der *Erziehung des Menschengeschlechts* zufolge außerhalb des Gangs der Vorsehung liegen, aber in anderen Äußerungen Lessings von ernsthaftem Interesse sind, ihrerseits jenseits der Toleranzgrenze liegen, *weil sie ethisch mangelhaft seien*? Dagegen spricht u.a. Lessings Hochachtung für den Islam (der im *Nathan* schließlich doch konkurrieren darf). Wie ist das zu vereinbaren? Hier stoßen wir wieder (wie bei der Erziehung durch die Erzogenen und bei der Notrettung durch Palingenesie) statt auf Denkergebnisse auf die Lessing so gemäßen »fermenta cognitionis«: auf Terrain, das Lessing nicht ganz zu Ende sondiert hat. Oder vielleicht doch: in den »sehr scharfsinnigen« letzten Worten zu Daveson. So oder so kann man nur hoffen, daß die Anhänger auch jener (geographisch fernen) Religionen zur heilsgeschichtlich rektifizierenden Seelenwanderung qualifiziert sind: wenn nicht zur terrestrischen, so doch zur interplanetarischen. »Geographisch«, »interplanetarisch«, »heilsgeschichtlich« – auch im Problematischen, sieht man, kommen die drei Horizonte zusammen.

Moses Mendelssohn.
Kupferstich nach dem Portrait von Anton Graff, 1771.

6. Die Logik des Exzentrischen

Drei Horizonte – ein *globaler*, angemessen dem zweiten Zeitalter der Entdeckungen, ein *kosmischer*, angemessen der Mehrheit-der-Welten-Spekulation der Zeit, ein *providentiell-geschichtlicher*, angemessen der religiösen Situation im sich aufklärenden Europa. Die beiden ersten Horizonte erweitern den Blick, toleranzfördernd; der dritte fördert Toleranz nur selektiv, verengt den Blickwinkel. Diese Horizonte von Lessings Epoche sind auch Lessings Horizonte – deren Widerspruch ist auch Lessings Widerspruch. Das macht Lessing nicht uninteressanter, scheint mir. Lessing in diesen seinen Horizonten zu sehen, die *mutatis mutandis* noch unsere sind, das mag exzentrisch scheinen, vielleicht auch nicht. Aber, mit Verlaub zu sagen: ein bißchen Lessingisch ist es doch, Lessing so zu sehen. »Er war gewohnt«, sagt Mendelssohn in der Spinoza-Debatte über Lessing, »in seiner Laune die allerfremdesten Ideen zusammen zu paaren, um zu sehen, was für Geburten sie erzeugen würden. [Dadurch] entstanden zuweilen ganz sonderbare Betrachtungen, von denen er nachher guten Gebrauch zu machen wußte. Die mehresten aber waren denn freylich bloß *sonderbare Grillen*, die bey einer Tasse Caffee noch immer unterhaltend genug waren.«[79] Von *diesem* Lessing habe ich einen Eindruck zu geben versucht. Vielleicht erscheint er dadurch als einer, der uns noch etwas zu sagen hat *und* an den wir Fragen haben – bei einer Tasse Kaffee. Bei einer Tasse Kaffee sieht die Welt anders aus, hat William James ermittelt (Philosophieprofessor immerhin). Man möchte hoffen, daß er recht gehabt hat.

Anmerkungen

1 An Mendelssohn, 19. Dez. 1780 (XVIII, 361). Quellenverweise beziehen sich, sofern nicht anders angegeben, auf die *Sämtlichen Schriften*, hg. v. Karl Lachmann u. Franz Muncker, Stuttgart u. a. O., 1886-1923. Zum »Verfolgungsgeist« der Juden gegen ihre eigenen »Leute« vgl. Lessing an Michaelis, 16. Okt. 1754 (XVII, 40).

2 Richard Daunicht, *Lessing im Gespräch*, München 1971, S. 556. Über die Jülich-Bergsche Intoleranz vgl. ebda, S. 555.

3 *De religionum tolerantia*, hg. v. Günter Gawlick u. Wolfgang Milde, Wolfenbüttel u. Göttingen 1991.

4 *Défense de la reforme de Luther contre maints préjugés des novateurs (Vindiciae Reformationis Lutheri a nonnullis novatorum praejudiciis)*, hg. v. Georges Pons, Rouen 1966.

5 *Werke*, hg. v. Julius Petersen u. Waldemar von Olshausen, Berlin u. Wien o.J. (1925-1935), XX, 12. »Irrtümlich Lessing zugeschrieben« (*Sämtliche Schriften*, XIV, vi; mit Nachweisen).

6 Harald Schultze, *Lessings Toleranzbegriff: Eine theologische Studie*, Göttingen 1969, S. 68: »Äußerst scharfe Polemik [...] bis hin zur literarischen Vernichtung seines Gegners. Solche polemische Aggressivität setzt sich selbst in schärfsten Gegensatz zum Gebot der Toleranz; sie ist ihm nicht nur von seinen Gegnern verdacht worden.« Schultze verweist auf Julius W. Braun, *Lessing im Urtheile seiner Zeitgenossen*, Berlin 1893, II, 224-245, und *ADB*, XXXIX: 1 (1779), 36-78. Monika Fick, *Lessing-Handbuch*, Stuttgart 2001, S. 421 (zeitgenössische Reaktion auf den *Nathan*: »Lessing habe das Christenthum beschimpft«); besonders Balthasar Ludwig Tralles warf Lessing 1779 in einer *ad hoc* verfaßten Schrift Intoleranz gegenüber dem Christentum vor (dazu: Peter R. Erspamer, *The Elusiveness of Tolerance: The »Jewish Question« from Lessing to the Napoleonic Wars*, Chapel Hill u. London 1997, S. 42f.). Barbara Fischer, *Nathans Ende? Von Lessing bis Tabori: Zur deutsch-jüdischen Rezeption von »Nathan der Weise«*, Göttingen 2000; Karl S. Guthke, »Lessing und das Judentum oder Spinoza *absconditus*«, *Das Abenteuer der Literatur*, Bern u. München 1981, Kap. 7; Nisbet (s. Anm. 12).

7 Dazu Schultze, S. 20, 42. Lessing sympathisiert mit einer atheistischen Ethik im 49. *Literaturbrief*.

8 Dazu kritisch John Gray, *Enlightenment's Wake: Politics and Culture at the Close of the Modern Age*, London u. New York, 1995, Kap. 3; zu Zedlers Toleranz-Konzeption auch Joachim Desch, »Taktische und praktische Toleranz: Lessings Haltung zur Wahrheit des Glaubens«, *Lessing und die Toleranz*, hg. v. Peter Freimark u.a., Detroit u. München 1986, S. 159f.; zu Lessings Ansatz, der zu »praktischer« statt »taktischer« Toleranz führe, ebda, S. 163-172: praktischer Toleranz gehe es darum, »möglichst viele Spielarten der Wahrheit zu entdecken« (S. 166); sie führe entsprechend u.a. im *Nathan* zur wechselseitigen »Anerkennung des anderen in seiner

Individualität« (S. 168). Dazu passen auch frühe Äußerungen wie »Jeder glaubt [die Wahrheit] zu haben, und jeder hat sie anders« (I, 256) und »Die Wahrheit rühret unter mehr als einer Gestalt« (IV, 277). Ich betone im folgenden demgegenüber Lessings zweifelsvolle Ungewißheit. Zum weiteren Kontext vgl. Alois Wierlacher, *Toleranz und Toleranzforschung im Zeitalter der Internationalisierung: Beiträge zur Geschichte des öffentlichen Toleranzgesprächs in der Bundesrepublik Deutschland (1945-1999)*, Tübingen 2001.

9 Hamburger Ausgabe, XII, 385.

10 Schultze behauptet S. 22f., die deutsche Aufklärung habe sich in dieser Debatte zur Infragestellung der eigenen Erkenntnis bereit gefunden im Hinblick auf eine noch zu erstrebende Wahrheit; er bringt jedoch keine Belege.

11 XVIII, 244. Vgl. XVII, 16; XIII, 209; XVIII, 286.

12 Zitat: Gerd Hillen, »Toleranz und Wahrheit: Absicht und Grenzen der Toleranz Lessings«, *Lessing und die Toleranz*, S. 196. Ähnlich Martin Bollacher, *Lessing: Vernunft und Geschichte*, Tübingen 1978, bes. S. 168f.; Ritchie Robertson, »›Dies Hohe Lied der Duldung‹? The Ambiguities of Toleration in Lessing's *Die Juden* and *Nathan der Weise*«, MLR XCIII (1998), 105-120. Dagegen H. B. Nisbet, »Lessing, *Nathan der Weise*: A Landmark in the History of Tolerance«, *Landmarks in German Drama*, hg. v. Peter Hutchinson, Oxford, Bern, Berlin usw. 2002, S. 11-29. Vgl. die älteren theologiekompatiblen Deutungen von Helmut Thielicke, *Offenbarung, Vernunft und Existenz: Studien zur Religionsphilosophie Lessings*, Gütersloh 1957, und Schultze (bes. S. 77, 81). »Manifest der Toleranz? Anmerkungen zu Lessings *Nathan der Weise*« war der Titel eines Vortrags von Horst Steinmetz anläßlich der Emeritierung von Alois Wierlacher (2001).

13 Thielicke, S. 114-120 (»Das Problem der Gewißheit«).

14 Hillen, S. 188. Toleranz wäre hier die von Gustav Mensching so genannte »inhaltliche« Toleranz »als die positive Anerkennung fremder Religion als echter Möglichkeit der Begegnung mit dem Heiligen« (*Die Religion in Geschichte und Gegenwart*, VI [1962], Sp. 932-933). Vgl. auch das in Anm. 9 nachgewiesene Goethe-Zitat. Alexander Mitscherlich hingegen legt einen Toleranzbegriff zugrunde, dessen Rückgrat die Gewißheit der Wahrheit der eigenen Überzeugung ist (*Toleranz*, Frankfurt 1974).

15 III, 95. »Alle [Spätschriften Lessings sind] durch die Einsicht in die Unmöglichkeit der Erkenntnis transzendenter Wahrheiten und in den gleichzeitigen Wert des Strebens nach Erkenntnis ausgezeichnet« (David Hill, »Lessing: Die Sprache der Toleranz«, *DtVjschr.*, LXIV [1990], 232, vgl. 241).

16 Schultze sieht in seiner betont theologischen Perspektive Lessings fehlende »letzte sittliche Selbstgewißheit« in seinem christlich Sündenbewußtsein begründet (S. 57f.).

17 *Werke*, hg. v. Herbert G. Göpfert, München 1970-79, VIII, 270f.

18 H. B. Nisbet, »Zur Funktion des Geheimnisses in Lessings *Ernst und Falk*«, *Lessing und die Toleranz*, S. 306.

19 Schultze, S. 70f.

20 *Sämmtliche Werke*, hg. v. Bernhard Suphan, Berlin 1877-1913, XXX, 109, 102; Datierung: »1784.?« (S. 96). Quellenangaben nach Hinweisen auf Herder beziehen sich auf diese Ausgabe. Über die englische Vorgeschichte des Postulats der methodischen Kombination von Geschichte und Geographie s. Robert J. Mayhew, *Enlightenment Geography*, Basingstoke u. New York, 2000, bes. S. 32f., 36, 37, 42. Im 17. Jahrhundert diente die Verbindung jedoch der Förderung des Geschichtsstudiums. Ein Wandel bahnt sich im 18. Jahrhundert an; dazu Mayhew, »Geography in Eighteenth-Century British Education«, *Paedagogica Historica*, XXXIV (1998), 731-769.

21 Ulrich Im Hof, *Das Europa der Aufklärung*, München 1993, Kap. 6. Zu diesem kulturgeschichtlichen Wandel s. Karl S. Guthke, *Der Blick in die Fremde*, Tübingen 2000, Teil 1; ders., *Goethes Weimar und »die große Öffnung in die weite Welt«*, Wiesbaden 2001; ders., »Goethes Weimar und Hebbels ›Welt‹«, *Hebbel-Jahrbuch*, 2001, S. 57-81. Dort auch Zitatnachweise, soweit sie hier fehlen.

22 *Schriften und Briefe*, hg. v. Wolfgang Promies, München 1968-1992, II, 166.

23 *Sämmtliche Werke*, XIII, 200-201; XV, 243-303.

24 Vgl. dazu Karl S. Guthke, *Der Mythos der Neuzeit*, Bern u. München 1983, Kap. 4, bes. S. 227-247; zu Herder s. ebda, S. 194-196 u. 234-236. Thomas Mann, *Gesammelte Werke*, Frankfurt 1974, IX, 447.

25 *Werke* (Anm. 17), VIII, 744.

26 Vgl. u. S. 41.

27 Dazu Guthke, *Mythos*, S. 52, 60, 100, 111.

28 Vgl. »Gott hätte seine Hand bey allem im Spiele: nur bey unsern Irrthümern nicht?« (XIII, 415).

29 Schultze, Kap. 6: »Toleranz im Horizont der providentia Dei«.

30 Moses Mendelssohn, *Gesammelte Schriften*, Jubiläumsausgabe, begonnen von Ismar Elbogen, Julius Guttmann und Eugen Mittwoch, fortgesetzt von Alexander Altmann, VIII, Stuttgart-Bad Cannstatt, 1983, S. 3. Vgl. Goethes Bemerkungen über die Engländer und die Deutschen in Guthke, *Goethes Weimar*, S. 167-170.

31 Vgl. Schultzes Bibliographie der deutschen Toleranzschriften 1695-1789 (S. 131-172). Zu J. S. Adam s. ebda, S. 135, Nr. 51.

32 Johann Joachim Becher, nach Urs Bitterli, *Die »Wilden« und die »Zivilisierten«*, München 1976, S. 256. Lessing: V, 325.

33 *Schriften und Briefe*, III, 269.

34 Vgl. Guthke, *Blick*, S. 187.

35 Vgl. Guthke, *Goethes Weimar*, S. 182, 186.

36 Nach *Der Reisebericht: Die Entwicklung einer Gattung in der deutschen Literatur*, hg. v. Peter J. Brenner, Frankfurt 1989, S. 280, Anm. 6.

37 Nach Bitterli, S. 375.

38 Lichtenberg, *Schriften und Briefe*, I, 782.

39 Dazu Guthke, *Blick*, S. 52-56. Lessings Interesse an Marco Polo (XII, 3-29; XVI, 181f.) rührt nicht zuletzt daher, daß der Italiener mit dem Vorurteil aufräumte, die »anderen« seien Barbaren.

40 Karl-Josef Kuschel, *Vom Streit zum Wettstreit der Religionen: Lessing und die Herausforderung des Islam*, Düsseldorf 1998; Guthke, *Blick*, S. 41-68 (auch zum Rest dieses Absatzes).

41 Erstaunlicherweise wird Lessing nicht erwähnt in Maxime Rodinson, *Europe and the Mystique of Islam*, Seattle u. London 1987, S. 45-51.

42 Dazu Klaus Bohnen, »Die interkulturelle Reise ins Niemandsland: Carsten Niebuhr und die ›Entdeckung‹ der arabischen Welt«, *History and Literature: Essays in Honor of Karl S. Guthke*, hg. v. William Collins Donahue u. Scott Denham, Tübingen 2000, S. 19-28. Lessing: XII, 442 (Erwähnung Niebuhrs).

43 Daunicht (Anm. 2), S. 472.

44 Lichtenberg, *Schriften und Briefe*, III, 96.

45 XV, 138-139; dazu Guthke, *Blick*, S. 61f.

46 Daunicht, S. 526.

47 Dazu Nisbet (Anm. 12). Zitat (»Schöpfer«): XVI, 523, §8; Vorsehung als Konstante: Nisbet (Anm. 12), S. 20.

48 In dem späten Fragment »Daß mehr als fünf Sinne für den Menschen seyn können« (frühestens im Herbst 1778; XVI, 522-525); dazu auch »Anmerkungen über Joachim Heinrich Campes philosophische Gespräche« (XVI, 442f.). Zu diesem Seelenwanderungsbegriff gleich mehr. Zur Datierung s. Anm. 25. *Die Erziehung des Menschengeschlechts* war, obwohl erst 1780 komplett gedruckt, bereits 1777 abgeschlossen, wie allgemein angenommen wird (*Werke* [Anm. 17], VIII, 707).

49 Guthke, *Blick*, S. 186.

50 Hamburger Ausgabe, XIV, 81.

51 *Sämmtliche Schriften*, Leipzig 1784, VII, 29.

52 Guthke, *Mythos*, S. 227-247. Vgl. das ganze 4. Kapitel zur Pluralitätsspekulation der Aufklärung. Zu Lessings Beschäftigung mit dem Mehrheitsproblem im Zusammenhang seiner naturwissenschaftlichen Interessen vgl. Guthke, *Blick*, S. 192-201.

53 Lessing sagt »Metempsychose«, da er an *der* Stelle von »Daß mehr als fünf Sinne« eher an die Wiederkehr auf *dieser* Erde zu denken scheint, weil er sich als Vorgänger, unbestimmt genug allerdings, Pythagoras, Plato sowie »die Ägyptier und Chaldäer und Perser, kurz alle Weisen des Orients« vorstellt (XVI, 525).

54 Daunicht, S. 509f. Es handelt sich um einen Brief F. H. Jacobis an Mendelssohn vom 4. November 1783; Jacobi hält selbst die *Palingénésie* für das mit »Bonnet« gemeinte Werk, das 1770 in deutscher Übersetzung (von Lavater) erschienen war. Vgl. auch zu Lessings Kenntnis der *Palingénésie* Klaus Bohnen, »Lessings *Erziehung des Menschengeschlechts* (§4) und Bonnets Palingenesie,« *GRM*, N. F., XXXI (1981), 362-365.

55 »Lessings Glaube an die Seelenwanderung«, *Lessing Yearbook*, VIII (1976), 7. Doch s. ebda, Anm. 78 und den dazu zitierten Text.

56 Vgl. Guthke, *Mythos*, S. 236-239.

57 Zitate: *La Palingénésie philosophique*, Genf 1769, II, 28, 431. Mehr (neue) Sinne in planetarischen Welten: z.B. II, 416-427 (vgl. Lorin Anderson, *Charles Bonnet and the Order of the Known*, Dordrecht, Boston, London 1982, S. 124). Toleranz, Moral, Respekt vor allen Lebensformen (»aimer nos Semblables«, »conformité avec l'Ordre établi«): II, 113, 116, 119, 120, 433-436 (vgl. Anderson, S. 26). »Unsere« Unvollkommenheit: II, 8 u.ö. Prospekt der »plus grande perfection«: II, 446.

58 S. o. Anm. 29.

59 Zu Lessings Gedankenspiel mit dem Zufall vgl. Karl S. Guthke, *Das Abenteuer der Literatur*, Bern u. München 1981, Kap. 6. Dort auch weitere Nachweise.

60 Vgl. den Kommentar der *Werke* (Anm. 17), VIII, 746.

61 Zum größeren Zusammenhang s. Guthke, *Abenteuer*, Kap. 6.

62 Nisbet (Anm. 12), S. 20.

63 Schultze, S. 95f.. Zu dem ganzen Komplex Zufall/Vorsehung s. auch Anm. 59.

64 Vgl. noch XII, 443f.

65 Schultze, S. 75-77, und *passim*; gelegentlich, aber nicht immer, mit dem qualifizierenden Adjektiv »positiv«. Siehe auch Anm. 66.

66 XIII, 415; XIV, 312f.; vgl. XVIII, 293. Arno Schilson z. B. liest, scheint mir, nicht genau genug, wenn er meint »für alle Menschen, gleich welchen Zeitalters,« sei »der eine und selbe Weg zum vollendeten Heil eröffnet« (*Geschichte im Horizont der Vorsehung*, Mainz 1974, S. 268). Vgl. S. 269: »Ermöglichung eines universalen und gleichen Heiles für alle und jeden Menschen«. Ich danke H. B. Nisbet für eine freundschaftlich-kollegiale Diskussion über diese Frage, die zu einigen Präzisierungen meines – von ihm nicht ganz geteilten – Textverständnisses geführt hat.

67 S. o. Anm. 6.

68 Vgl. den verständnisvollen Aufsatz von Peter Michelsen, »Lessing, mit den Augen Goezes gesehen«, *Streitkultur*, hg. v. Wolfram Mauser u. Günter Saße, Tübingen 1993, S. 379-391.

69 XIII, 150; XVIII, 109, 245.

70 Zur lutherischen Intoleranz ein unverdächtiger Beurteiler: Heinrich August Winkler, *Der lange Weg nach Westen*, München 2000, I, 17.

71 *Schriften und Briefe*, I, 402.

72 Peter J. Brenner, *Gotthold Ephraim Lessing*, Stuttgart 2000, S. 256f., 266.

73 Siehe Anm. 12.

74 Schultze, S. 39, 68, 69; auch Nisbet (Anm. 12), S. 29. Das Problem ist so alt wie die Moralphilosophie. Vielzitiert ist Carlo Schmids aus der Weimarschen Demokratie gezogene Lehre anläßlich der Formulierung des Grundgesetzes: man brauche den »Mut zur Intoleranz denen gegenüber [...], die die Demokratie gebrauchen wollen, um sie umzubringen« (Winkler, II, 132).

75 Diese »Grenze« sieht Hillen (Anm. 12), S. 195.

76 XIII, 152, 209, 210, 372f.

77 XVIII, 226f.; vgl. 292 (»Feind«).

78 XVIII, 312; XVII, 366. Daß Lessing sich mit dieser Charakterisierung selbst meint und nicht die Neologen, betont Hillen (S. 192f.) gegen die unverständliche These von Edward Flajole (*PMLA*, LXXIII [1958], 201-214).

79 *Die Hauptschriften zum Pantheismusstreit zwischen Jacobi und Mendelssohn*, hg. v. Heinrich Scholz, Berlin 1916, S. 118.

Nachweis der Abbildungen

Titel (Federzeichnung von Friedrich Werner, 1875) und Seite 8, 16, 27, 29, 31, 35, 53, 55, 57: Herzog August Bibliothek Wolfenbüttel.

Seite 19: Hessische Landes-und Hochschulbibliothek Darmstadt.

Seite 60: Kustodie der Universität Leipzig.

Namenregister